Hipnotismo e Espiritismo

CB131380

Dr. JOSÉ LAPPONI

Protomédico de Suas Santidades Leão XIII e Pio X

Hipnotismo e Espiritismo

(ESTUDO MÉDICO - CRÍTICO)

FEDERAÇÃO ESPÍRITA BRASILEIRA
DEPARTAMENTO EDITORIAL E GRÁFICO
Rua Souza Valente, 17
20941-040 — Rio-RJ — Brasil

ISBN 85-7328-266-5

N.R.B.N.

5ª edição – *Do 21º ao 23º milheiro*

Traduzido da 3ª edição italiana (definitiva) por
ALMERINDO MARTINS DE CASTRO

12-AA; 000.3-O; 8/2002

Capa de DOUGLAS MARTINS

Copyright 1961 by
FEDERAÇÃO ESPÍRITA BRASILEIRA
(Casa-Máter do Espiritismo)
Av. L-2 Norte – Q. 603 – Conjunto F
70830-030 – Brasília, DF – Brasil

Todos os direitos de reprodução, cópia, comunicação ao público e exploração econômica desta obra estão reservados única e exclusivamente para a Federação Espírita Brasileira (FEB). Proibida a reprodução parcial ou total da mesma, através de qualquer forma, meio ou processo eletrônico, digital, fotocópia, microfilme, internet, cd-rom, sem a prévia e expressa autorização da Editora, nos termos da lei 9.610/98 que regulamenta os direitos de autor e conexos.

Reprodução fotomecânica e impressão offset:
Departamento Gráfico da FEB – Rua Souza Valente, 17
20941-040 – Rio de Janeiro, RJ – Brasil
CNPJ nº 33.644.857/0002-84 *I.E. nº 81.600.503*

Pedidos de livros à FEB – Departamento Editorial:
Tel: (0xx 21) 2589-6020, FAX: (0xx 21) 2589-6838.

CIP-BRASIL. CATALOGAÇÃO-NA-FONTE
SINDICATO NACIONAL DOS EDITORES DE LIVROS, RJ.

L322h
5.ed.

Lapponi, Giuseppe, 1851-1906
Hipnotismo e espiritismo: (estudo médico-crítico) / José Lapponi; [traduzido da 3. ed. italiana (definitiva) por Almerindo Martins de Castro]. – 5. ed. – Rio de Janeiro: Federação Espírita Brasileira, 2002
224p.:

Tradução de: Ipnotismo e spiritismo
ISBN 85-7328-266-5

1. Espiritismo. 2. Hipnotismo. 3. Mediunidade. I. Federação Espírita Brasileira. II. Título.

02-0451. CDD 133.7
CDU 133.9

27.03.02 26.07.02 000570

DR. JOSE' LAPPONI

ÍNDICE

Esta obra — «Hipnotismo e Espiritismo» — publicou-a Lapponi, com este título, dois anos antes de Lombroso escrever o seu magnífico livro — «Ricerche sui fenomeni ipnotici e spiritici» —, obra já editada pela FEB, em português, sob o nome de — «Hipnotismo e Mediunidade».

Prefácio da 3ª edição

À especial natureza do assunto sem dúvida se deve, em grande parte, a acolhida que também foi dada à 2.ª edição deste meu estudo, que suscitou vivas polêmicas e férvidas discussões em torno de problemas que, desde séculos, apaixonam a mente humana.

E a breve interregno de tempo do segundo aparecimento do "Hipnotismo e Espiritismo", insistência cortês dos sagazes editores me induziu a publicar a 3.ª edição, grato pela oportunidade de levar em conta algumas observações da crítica, de responder a outras, e de enriquecer de alguns fatos e argumentos novos o meu modesto trabalho.

Talvez por uma leitura não muito objetiva, ou guiada por algum preconceito, alguns (entre os quais o Sr. Luttenbacher, que egrègiamente traduziu o livro para o idioma tedesco) quiseram lobrigar no meu estudo origens e finalidades de todo insubsistentes, e tentaram tirar deduções nas quais nem mesmo remotamente eu pensei.

Considero, portanto, de meu dever, ao permitir novamente a impressão desta obra, fazer algumas declarações a fim de que tais errôneos juízos não possam ganhar foros.

*

* *

Antes que a narração dos extraordinários fenômenos da arte; que a descoberta de engenhosos truques; que o despertar dos estudos hipnóticos alcançassem tão forte ruído, aqueles que acompanhavam o meu Curso de Antropologia Aplicada, *ministrado na* Academia Romana de Conferências Histórico-Jurídicas, *tiveram ensejo de conhecer as minhas convicções científicas a respeito do intrincado assunto. Direi também que resolvi tratar dele detalhadamente (como se verá na introdução do meu trabalho) para satisfazer ao vivo interesse demonstrado a propósito, não só pelos meus alunos, como também por muitos outros estudiosos das ciências morais.*

Os meus próprios ouvintes poderiam, pois, testemunhar que, antes mesmo que a grande maioria dos psicólogos e dos filósofos resolvessem iniciar o estudo do assunto, eu fazia revelar a importância dos especiais estados psíquicos, daqueles estados chamados subconscientes *e* superconscientes, *prevendo os exageros que seriam arquitetados em torno deles, a ponto de os tornar causa e condição exclusiva da produção dos fenômenos hipnóticos e, em especial, dos espiritistas.*

De onde o não julgar necessário tomar isso em conta no meu livro, convencido de que os preditos fenômenos não exigem necessária *e* universalmente *(entenda-se bem!) para sua manifestação um particular estado morboso dos pacientes que os provocam ou os sofrem, — ou, em outros termos, tais fenômenos não são sempre puros e simples produtos de uma psique enferma.*

Tenho depois a afirmar que não escrevi sob inspirações ou solicitações; eu o fiz porque desejei dar minha modesta contribuição a este ramo de estudo, e quem quiser fazer-me porta-voz ou simples intérprete das ideias peculiares da suprema autoridade eclesiástica estrabiza o espírito e a índole do meu livro, que (repito) é apenas um estudo *estritamente pessoal, escrito com* o *escopo de* estudo.

Mostra não me conhecer aquele que pensa haja eu

podido escrever para fins diversos dos que realmente me tenham induzido a tal trabalho; aquele que ignora que não me adapto a transigir com as minhas convicções, fruto de longo tempo de labor positivo, de observações, raciocínio; que não sei inclinar-me a pôr em circulação, sem delas partilhar, opiniões de quem quer que seja, ou assunto qualquer que seja.

Crente sincero, estou satisfeito por serem as minhas conclusões científicas, sobre semelhante assunto, perfeitamente concordes com os princípios admitidos pela Igreja. E se de outro modo fôsse, eu teria preferido silenciar e não as teria jamais publicado, convencido que estivesse do erro, desde o momento em que a ciência revelada me contradizia.

*
* *

Quiseram observar que alguns dos fatos por mim narrados são insignificantes e cediços. Mas, quem possua mesmo leve conhecimento do assunto em causa, fàcilmente se convencerá de que o significado de semelhantes fatos está profundamente examinado, e de que é necessário bem ater-se a eles como única prova material dos fenômenos que resistiram à crítica mais perspicaz.

De resto, não se deve crer que o estudo do Hipnotismo e do Espiritismo haja feito grandes progressos com o correr dos tempos e que se tenha tornado uma ciência verdadeira e própria. Quem se poderá gabar de haver obtido dados cientìficamente? Quem conseguiu alguma coisa de concreto, até agora, fora da formulação mais ou menos arbitrária de algumas hipóteses mais ou menos verossímeis? Notarei, com Flammarion, que se pretende tudo explicar com o punhado de noções que temos, e por isso se insiste sobre a sugestão, sobre os estados morbosos e outras coisas similares, — palavras que não se usaram antes porque não haviam sido inventadas, e não serão empregadas por mais meio século por terem sido encontradas outras. As palavras, porém, são inúteis; podem agradar ouvidos, mas não dirão jamais, por si mesmas, porque o nosso pensamento consciente super *ou* subconsciente *possa fazer dançar uma mesa ou bater pancadas num muro. Existem em nós e em torno de nós forças que não conhecemos e que podem dar movimento à matéria inerte, e não as devemos negar* a priori, *pelo único motivo de não sabermos dar a razão delas.*

Quando se acreditava que o mundo terminava nas colunas de Hércules, ai daqueles que se obstinassem em sustentar que, para além delas, havia outros continentes e outros mares!

Antes da (em outro setor) descoberta do microscópio, que nos revelou a existência de milhões de seres viventes, indicava-se por limite absoluto da escala zoológica aqueles que se mostravam como tal aos nossos débeis sentidos. Porque, pois, agora, recaindo no antigo pecado da obstinação, negar que acima do homem e fora da sua percepção vivem seres inteligentes que podem, em determinadas condições, dar prova da sua existência?

As explicações, as suposições e as teorias formuladas a título de argumento não têm base positiva alguma, e todas caem mais ou menos ràpidamente, pelo mesmo defeito de origem.

Por isso, eu as referi no meu livro nos limites estritamente necessários à fácil compreensão de algum argumento particular; por isso, discordo dos teóricos apriorísticos no gênero e, pois, também do que nega porque não chega a compreender e estabelecer relação com os seus próprios conhecimentos, verdade igualmente indiscutível.

Observemos, pois, por enquanto, e notemos os fatos nesse caráter, porque estes, apesar do véu de mistério que os envolve, não deixam de ser reais e provados. Não é próprio de um sábio rir daqueles que, não na penumbra dos salões senhoriais e por malsã curiosidade, mas nos laboratórios científicos e nas mais variadas circunstâncias, com intentos altíssimos, despenderam seu tempo e dedicam o acume do seu engenho em examinar esses fatos, a joeirá-los, com método rigoroso e desvelado.

Roma, Novembro 1906.

DR. JOSÉ LAPPONI

Introdução

SUMÁRIO — 1) Importância e necessidade do estudo do assunto. 2) Rogos, desejos e dilações. 3) Bases e natureza dos fatos expostos no presente trabalho relativamente à Ciência. — 4) Ordem e desenvolvimento no tratar da matéria.

1) — O tema **Hipnotismo e Espiritismo** é de tal importância que quase todos, atualmente, sentem a necessidade e o desejo de tratar dele e dele falar.

Mas, bem poucos são aqueles que se encontram em condições de fazê-lo, depois de maduro exame e suficiente conhecimento de causa. Assim é que não faltam pessoas, doutas inclusive, que fazem do Hipnotismo e do Espiritismo a mesma coisa, ou bem pouco diversa, ou que confundem os fatos de um com os exclusivamente próprios do outro, ou que, finalmente, atribuem a uns a natureza e a índole dos outros.

E não pode ser de maneira diferente para quem considere quão copiosa provisão de conhecimentos biológicos, embora elementares, necessita quem de certos fenômenos quer formar juízo, senão adequado, ao menos suficientemente exato.

2) — Não sem razão, portanto, quantos têm tido a bondade de frequentar o meu curso de Antropologia aplicada, e não poucos distintos cultores de ciências político-morais, pedirem-me, por vezes e insistentemente, tratar do intrincado assunto, apenas esboçado nas minhas explanações, para que pudessem, também eles, ad-

quirir suficiente conhecimento das necessidades mais óbvias da vida prática.

3) — Mas, «a promessa é débito», e, embora justificados, os adiamentos devem ter limites, e é por isto que, finalmente, agora me limito a expor quanto pude apreender sobre a matéria, em parte com observações pessoais e em parte com a análise, paciente e minuciosa, dos fatos vistos, constatados e referidos por naturalistas competentíssimos pelas suas doutrinas e acima de qualquer ressalva sobre a sua idoneidade. Quanto vou dizer, a respeito do Hipnotismo, atualmente está no domínio pleno da Ciência positiva, especialmente físio-patológica. Referentemente ao que devo expor sobre o Espiritismo, o leitor julgará por si mesmo — se os fatos que referirei devem ser acolhidos no grau de verdadeiros, e se é justa a interpretação que o seu estudo crítico me levará a lhes dar.

4) — Mas, para que o assunto saia suficientemente esclarecido em toda a sua extensão, tenho por bem começar com alguns traços históricos, tanto em relação ao Hipnotismo, quanto relativamente ao Espiritismo, indicando, de acordo com a necessidade, a autoridade que lhes comprova, ao menos «in parte», a existência objetiva.

Examinarei depois as analogias e diferenças entre as duas ordens dos fatos ora recordados. Discutirei em seguida a natureza íntima de uns e outros, não esquecendo indicar as várias, mas nem sempre aplicáveis interpretações genéticas que lhe pretenderam dar os naturalistas. E indicarei por último os efeitos sociais e individuais, quer do Hipnotismo, quer do Espiritismo, para concluir pelas precauções que é indispensável tomar pelos que têm o encargo da ordem moral e social do consórcio humano, tanto com relação a um, quanto a outro.

CAPÍTULO I

Traços históricos

I — HIPNOTISMO

SUMÁRIO — 1) Hipnotismo na antiguidade. 2) Hipnotismo na Idade Média. 3) Mesmer e seus precursores: o Magnetismo e o Mesmerismo. 4) O Mesmerismo e o Relatório de Bailly à Faculdade de Paris. 5) O Conde de Cagliostro, José Bálsamo. 6) Os discípulos de Mesmer. 7) Hussen e o seu Relatório sobre Magnetismo animal à Academia de Paris: apostas e desafios. 8) Jacob Braid; Magnetismo, Hipnotismo, Braidismo. 9) Da Escola francesa de 1858 aos nossos dias.

Os antigos conheceram, em grande parte, provàvelmente sob o nome de Magia (que etimològicamente significa **sacerdócio, sapiência**), o maior número dos fatos que se referem ao moderno Hipnotismo, e decerto não foram ignorados pelos Medas, Caldeus, Brâmanes da Índia e pelos sacerdotes do antigo Egito.

Algumas práticas descritas, segundo F. Lenormant, nos monumentos em caracteres cuneiformes; certos casos recordados por Máspero, na «História Antiga dos Povos do Oriente (1); muitos fatos estrepitosos observados nas primeiras sociedades humanas; e as maravilhas que ainda hoje realizam os Brâmanes indianos, zelosos custódios das sagradas tradições de casta — são

(1) Paris, 1886, págs. 70 e 142.

tudo coisas que atestam a alta antiguidade das práticas que constituem o Hipnotismo de nossos dias. Os milagres, pois, que ante as doenças nervosas se processavam entre os egípcios no templo de Serápis, eram, quase fora de dúvida, efeitos de aplicações hipnóticas.

No papiro mágico, também chamado Harris, escrito em egípcio hierático, cerca de 30 séculos antes da era vulgar, e traduzido em 1860 por Chabas — os processos de aplicação do que ora chamamos Hipnotismo se encontram largamente explanados.

Nas práticas hipnóticas eram sem dúvida também versados os sacerdotes da Grécia antiga. E parece que a fenômenos hipnóticos, espontâneos e inconscientes, estavam sujeitas as Sibilas, das quais se sabe que prediziam o futuro, depois que entravam em convulsões (2).

Os antigos romanos, quanto me foi possível investigar, não professavam culto especial pelas práticas hipnóticas. Dificilmente, porém, poderiam ignorá-las de todo, dadas as suas grandes e múltiplas relações com a culta e corrupta Grécia.

Em mais recente época, seja pela mudança de costumes, seja pela invasora barbárie, perdeu-se o conhecimento do quanto de antigo se sabia sobre o mecanismo genético, sobre a propriedade e efeitos de certos fenômenos naturais; mas, nem por isso deixava de existir o Hipnotismo. Ao contrário, como fenômeno morboso, espontâneo, inundou de novas controvérsias a velha Europa. E a história dos feiticeiros da Idade Média, da qual Cantu (3) narra páginas altamente instrutivas, o demonstra de modo eloquentíssimo. A maior parte (digo a **maior parte** e não a **totalidade**) desses muitíssimos

---

(2) *Dr. C. Conca* — "Isterismo e Ipnotismo", Nápoles, ed. Pignataro, 1888, pág. 48.

(3) *C. Cantù* — "Storia Universale", 10ª edição, Torino, 1888, t. VIII, parte I, págs. 292-304.

que, àquele tempo, eram indicados pelo vulgo, ou como tal eles mesmos se declaravam — bruxos e mágicos, entregando-se periòdicamente (em seguimento a práticas pueris e meios extraordinários) a tomar parte em noturnos, misteriosos e lúridos sabás — quase fora de qualquer dúvida eram, em realidade, pobres alucinados, propensos a algum estado hipnótico de sugestão.

Isto reconheceram e declararam também, e então, entre outros, Ulrico Molitore (4), Andrea Alciati (5), Reginaldo Scoto (6), Celso Cesalpino (7), Giovanni Wierio (8) e principalmente o ilustre jesuíta Frederico Spree.

Este último chega a afirmar que também pessoas condenadas nos seus países por feitiçaria, muitíssimas, senão todas, eram condenadas sem culpa. E deixou escritas estas memoráveis palavras: «Sob juramento deponho não haver acompanhado ao suplício nenhuma delas de quem se pudesse prudentemente estabelecer que fôsse ré.» Outro tanto de dois idôneos teólogos ouvi dizer. Todavia, adotarei todo o cuidado para chegar à meridiana verdade (9).

Mas, de qualquer modo, é bem certo que aos antigos parecia útil e prudente cercar de mistério os conhecimentos que possuíam a respeito de certos assuntos, e que os povos da Idade Média suportaram, sem os conhecer, os graves efeitos dos fenômenos hipnóticos.

3) — Mesmer, o médico germano, teve o posto primaz entre os que se dispuseram a revelar ao vulgo profano os mistérios da Ciência zelosamente custodiados pelos antigos sapientes, e de grande parte desses se

---

(4) "De Phythonicis mulieribus", Papiae, 1480.
(5) "Parergon Juris", 1530.
(6) "Discovery of Witcheraft", 1584.
(7) "Demonum investigatio", Florentiae, 1550.
(8) "De Lamiis", 1564.
(9) *Cantù* — Op. cit., vol. cit., pág. 297.

valeu para base da sua doutrina sobre — **Magnetismo animal**. Efetivamente, muitos dos seus portentos, como o provam a própria natureza dos efeitos por ele obtidos e a qualidade dos meios aos quais recorria (a cadeia de mãos, a celha, a fixação do olhar, os contactos, ruídos imprevistos), eram fenômenos de índole hipnótica.

Mas, introduzindo a denominação de **Magnetismo animal**, não suspeitou ele o que essa pudesse significar etimològicamente, como mais tarde o revelou A. Lombard sênior: «potente influência do espírito animal sobre a matéria orgânica» (10). A bem outros fatos ele entendeu aludir, ao consorciar aquelas duas palavras.

Mesmer, doutorado em Medicina, em Viena, defendendo em uma sua dissertação, publicada em 1765, «De planetarum influxu», as ideias de Paracelso, de Agripa e do empavesado Jerônimo Cardan, sustentou que os astros exercem ação direta sobre os corpos viventes, mediante imponderável fluido que tudo penetra. Mais tarde, surpreso com as narrações das maravilhosas curas médicas que, no século XVI, Gilberto, Glocério e Van Helmont, e, no século XVII, o inglês Robert Flud diziam haver obtido com a aplicação do ímã e placas metálicas sobre o corpo dos enfermos, e mais estupefato ainda ante certos miríficos efeitos biológicos obtidos, na mesma época, pelo padre Hell, jesuíta e físico habilíssimo, sobre animais e sobre homens por meio do ímã — acreditou haver descoberto que o ímã (pelos físicos chamado **magnete**), posto em relação com o organismo animal, podia agir sobre este no mesmo grau dos astros, por meio de um fluido — particular a ele, ímã — o **Fluido Magnético**.

Por último, enciumado pelos êxitos estrepitosos que o padre Hell conseguia nas curas das doenças, com a

---

(10) *A. Lombard* — "Les dangers du Magnétisme animal", etc., Paris, 1819.

aplicação dos seus ímãs, pensou em reviver as ideias de Paracelso, de Ficino, de Pomponazio e de um outro jesuíta, o padre Kircher, quanto à influência que certos homens podem exercer sobre o organismo de outros (11). Afirmou que, anàlogamente ao Magnete, pudessem agir também as mãos e os olhos de alguns indivíduos, mediante um fluido especial que emana, à vontade, dos seus organismos, tão voluntàriamente quanto o humor negro (sépia) que as sibas costumam emitir na água, para fugirem aos seus atacantes. E supôs que esse fluido especial, peculiar dos animais, fôsse símile do que se irradia constante e fatalmente do **Magnete**.

Combatido nas suas doutrinas, em Viena, emigrou para Paris, em 1778. Lá, formulou mais explìcitamente a sua tese sobre o fluido que se pode emitir à vontade do organismo animal. E pela analogia que ele acreditou reconhecer entre esse e o fluido do **Magnete**, em 1779, em uma Memória tão afamada quanto difundida, embora incompreensível e nebulosa, o denominou de — **Magnetismo animal**. A denominação parece assim adivinhada, pois não tardou em aplicar-se também ao conjunto dos fatos alegados para provar a existência do suposto e jamais demonstrado fluido, e igualmente à doutrina de que derivou. Mas, à expressão **Magnetismo animal** os sequazes de Mesmer preferiram o nome de **Mesmerismo,** em honra e memória de seu chefe e mestre, enquanto reservaram a expressão — **Magnetismo animal** para indicar ou o fluido pròpriamente ou o conjunto dos fatos dos quais se pretendia deduzir a existência dele.

4) — A doutrina do **Mesmerismo**, acolhida primeiramente com benevolência e quase fanatismo, até por homens eminentes, inclusive Deslon, diretor da Faculdade de Medicina de Paris, e pelo próprio Luís XVI, foi, sem

(11) *C. Conca* — Op. cit., págs. 52/3.

muita demora, e precisamente em 1784, severamente julgada por uma comissão de doutos, da qual foi relator Bailly (12). Condenados como perigosos para o meio social, para a moral e para a saúde física, os fatos que lhe serviam de fundamento, e que na sua parte maravilhosa se reconheceu dependerem em grandíssima parte da imaginação ou do mimetismo, a doutrina bem depressa caiu em descrédito. E para fugir a aborrecimentos e vexames, Mesmer, em 1785, achou de bom aviso deixar o solo francês e abrigar-se na Inglaterra.

5) — Tão logo foi o Mesmerismo condenado em nome da Ciência, um astuto palermitano, José Bálsamo, mais conhecido sob o usurpado nome de Conde Alexandre de Cagliostro, em 1785, precisamente no ano em que Mesmer se refugiara na Inglaterra, tentou reviver, mesclando-o a maravilhas de física, de química e de outras ciências ainda então ocultas e bem assim a exotismos e superstições de todo gênero, e a práticas análogas às que agora constituem o Espiritismo. O intuito da tentativa era, por parte de Cagliostro, explorar em seu proveito as ideias de Mesmer. Nos seus tentamens nada existiu, portanto, de sério, ou de científico, e, em expressões mais acessíveis, foi teórico, e a fama que se gerou foi de bem efêmera duração. O resultado prático decorrente foi nascer, entre os fatos do Mesmerismo e os do que ora se dizem de Espiritismo, tal confusão subjetiva que atualmente ainda ninguém plenamente acerta subtrair-se dela.

Implicado em negócios bastante duvidosos (**loschi**), Cagliostro, em 1787, já estava encarcerado; em 1788, em exílio; e, em 1779, de regresso a Roma, onde teve o fim que lhe devia caber. Sua estrela se apagara para sempre.

---

(12) "Rapport de la Commission chargée de l'essais du Magnétisme animal", Paris, 1784.

Mesmer, entretanto, prosseguia fruindo pacìficamente em Londres, por algum tempo, os frutos das suas mal digeridas e igualmente pouco corretas elucubrações. Regressando afinal à pátria, ali morreu, em Março de 1815.

6) — Mas, com o eclipsamento dos seus dois corifeus, o Mesmerismo não estava perecido. Ao contrário, enquanto era ele mais combatido em nome da ciência oficial, um discípulo de Mesmer, o Marquês de Puysegur, em 1784, descobria o **Sonambulismo artificial** (13). Em 1787, Petetin de Lion descobria e estudava a **Catalepsia artificial** (14), e, em 1810, o General Noizet apresentava, à Academia de Berlim, Memória sobre o Sonambulismo e sobre o Magnetismo animal, Memória mais tarde publicada em francês, pelo editor Plon, de Paris, em 1814.

Entrementes, surgiu o abade Faria, português, que estivera na Índia, onde dos Brâmanes havia aprendido muitas práticas de hipnotismo. Observador acurado, negou a existência de qualquer fluido magnético, e tentou demonstrar que, nos portentos do Magnetismo animal, é tudo questão de imaginação (15).

Mas, as negativas e afirmações de Faria não lograram extirpar as raízes do Mesmerismo. Se as interpretações eram errôneas, os fatos persistiam, e seletas inteligências esforçaram-se em joeirá-los da escória e pô-los em ordem científica.

Em 1852, Du Potet publicava o «Tratado completo

---

(13) "Mémoire pour servir à l'histoire du Magnétisme animal", (é de Puységur, mas não lhe traz o nome, 1784); *Deleuze* — "Histoire critique du Magnétisme animal", 1813, tomo II.

(14) *Pététin* — "Mémoire sur le Catalepsie et le Somnambulisme", Lyon, 1787.

(15) *De Faria* — "De la cause du sommeil lucide", etc., Paris, 1819, t. I (único), pág. 41.

de Magnetismo animal» e Alexandre Bertrand estabelecia sobre o mesmo assunto um curso livre, ao qual acorriam pessoas de todas as partes.

7) — Em 1825, Foissac pediu à Academia de Medicina de Paris revisse o Relatório sobre a matéria, feito, em 1784, por Bailly (16). Depois de vivíssima luta, a Academia deliberou, em 1826, acolher a solicitação de Foissac, e nomeou uma comissão, da qual Husson foi o relator.

Após seis anos de estudo, a comissão, em 1831, apresentou volumoso relatório, no qual muitos fatos somáticos e psíquicos, relativos ao chamado Magnetismo animal, foram certificados, embora com interpretações pouco satisfatórias, sendo propostas normas impeditivas de abusos.

Mas a comissão, erradamente, tratou da velhacaria de alguns dos examinados, acolheu, entre os fatos verdadeiros e verificados, algumas coisas dúbias, incertas e seguramente falsas. Esta circunstância resultou em grande prejuízo para o estudo e progresso do Magnetismo animal.

Em 1837, o jovem Dr. Berna anunciou à Academia de Paris estar habilitado a demonstrar a realidade do Magnetismo animal por meio da **clarividência**, da **dupla-vista**, da **possibilidade de predizer o futuro** e outros meios. A Academia, que não mais pensava no Magnetismo animal e havia deixado cair em olvido também o acatabilíssimo Relatório de Husson, aceitou examinar os anunciados fatos. Mas, as experiências de Berna faliram completamente, e à frente do Relatório de Dubois, de Amiens, a própria Academia, nesse 1837, condenou, inapelàvelmente, o Magnetismo animal como sendo solene charlatanismo. Não valeram, para mitigar tal decisão,

---

(16) *Burdin et Dubois* — "Histoire académique du Magnétisme animal", Paris, 1841, pág. 278.

os protestos de Husson. A justeza da sentença pareceu, pois, aos cientistas ainda mais razoável e equânime, depois da infrutífera e desencorajadora tentativa do desafio de Burdin, que, ainda em 1837, ofereceu um prêmio de 3000 francos ao magnetizado que, até 3 anos de prazo, conseguisse ler um manuscrito sem o auxílio dos olhos e da luz, fenômeno declarado não só possível, mas igualmente inegável pelo Dr. Berna (17). A Academia, depois do resultado negativo a este desafio público, acreditou poder proferir sua última palavra a respeito, e, em 1840, adotou a proposta de Double no sentido de que, para o futuro, não mais se cogitasse de magnetizadores e de magnetismo.

8) — Não muitos anos depois, porém, um douto cirurgião inglês, de Manchester, Jacob Braid, experimentador hábil e observador sagaz, retomou o exame dos fatos anunciados pelos mesmeristas. E certificou-se de alguns, que trouxe a público, em apreciável trabalho editado em 1843. E para que os nomes de Mesmerismo e Magnetismo animal não criassem obstáculos à difusão e aceitação da verdade, reuniu suas observações sob os nomes de **Neuro-hipnologia**, e, pela primeira vez, falou do **Sono nervoso** e do **Hipnotismo** (18).

O grande cuidado de Braid foi selecionar nìtidamente os fatos que ele verificou, dos não comprovados por ele. Incluiu os primeiros sob o título de «Hipnotismo» ou de «Sono nervoso», e deixou aos outros, de cuja realidade ele não podia mìnimamente fazer-se avalista, sob a antiga denominação de Mesmerismo e de Magnetismo animal.

Quis, pois, que o Hipnotismo se tivesse por diferente

---

(17) *Burdin et Dubois* — Op. cit., págs. 570/630.

(18) *J. Braid* — "Neurohypnologie. Traité du sommeil nerveux ou hypnotisme", trad. francesa de J. Simon, 1843, com acréscimo feito por Braid em 1860.

do Magnetismo animal, se bem que, nos pontos bem verificados, as duas ordens de fatos são uma e a mesma coisa: o charlatanismo e as fraudes não formam ciência.

Entretanto, sobre Mesmerismo eram publicados ainda outros trabalhos, entre os quais um, notável, de James Esdaile, impresso em 1846 (19). Em 1860, em capítulo à parte, Braid melhor desenvolvia suas ideias sobre o assunto — sono nervoso, que bem poucos — (desde o artigo «Sleep» (sono), da Enciclopédia de Todd e Carpenter; de um apêndice científico publicado por Vítor Meunier, na «Presse», de 1852; e do artigo — «Hipnotismo», publicado pela primeira vez na edição de 1855 do «Dicionário Médico», de Nisten; não obstante os elogiáveis trabalhos sobre Magnetismo animal, editados quase contemporâneamente por Charpignon e por Bellanger) — haviam conseguido conhecer, pouco mais além do nome, sob o apelativo sobremodo honroso para Braid, de — «Braidismo» (20).

9) — A Azam, de Bordéus, se apresentava, em 1858, a propícia oportunidade de controlar os fatos anunciados por Braid. Ele os estudou durante dois anos, coadjuvado pelos Drs. Velpeau, Broca, Verneuil, Cloquet, Follin, da Faculdade de Paris; descobriu alguns outros e os deu à publicidade, com o seu apoio a todos, em 1860 (21).

Os fatos observados por Braid e Azam foram novamente examinados por Mesnet, Demarquay, Giraud-Teulon e Duval.

Mais tarde, em 1875, Richet estudava com muita

---

(19) *Esdaile* — "Le Mesmerisme in India", Londres, 1846.

(20) *Charpignon* — "Du Magnétisme", Paris, 1848; *Bellanger* — "Le Magnétisme, vérités et chimères", Paris, 1854; *J. P. Philipis* — "Cours théorique et pratique du Braidisme", Paris, 1860.

(21) *Azam* — "Note sur l'Hipnotisme", *in* "Archiv. générales de Médicine", Janvier, 1860.

atenção o mesmo assunto, sob a denominação de — «Sonambulismo provocado».

Mas, estava reservado a Charcot, a Bernheim, a Liebeault, a Liegeois e às suas escolas dar aos fatos do Hipnotismo aquele desenvolvimento e base científica pela qual são hoje aceitos entre os doutos, e de demonstrar que, no fundo e nas partes verdadeiramente científicas, Mesmerismo, Sonambulismo ou Catalepsia artificial, Sono nervoso, Braidismo, Hipnotismo, são tudo a mesma coisa, ou partes da mesma coisa. (*)

(*) Se o leitor quiser tomar conhecimento do assunto, em obra recentíssima e atualizada, aconselhamo-lo a ler: *Magnetismo Espiritual*, de Michaelus, edição da FEB. — *(Nota do Tradutor.)*

II — ESPIRITISMO

SUMARIO — 1) O Espiritismo na antiguidade e assinaladamente entre os Hindus e Egípcios. 2) O Espiritismo entre os antigos Hebreus. 3) O Espiritismo entre os Hebreus, ao tempo do Cristo. 4) O Espiritismo na antiga Grécia. 5) O Espiritismo entre os antigos Romanos. 6) O Espiritismo entre os bárbaros da antiguidade, nos primeiros tempos do Cristianismo e na Idade Média. 7) O Espiritismo na Renascença. 8) O Espiritismo entre os selvagens do Novo Mundo. 9) O Espiritismo na Europa, da Renascença à segunda metade do século XIX. 10) A Família Fox e o Espiritismo moderno. 11) Rápida difusão do Espiritismo. 12) Lutas, progresso e formas do Espiritismo.

O Espiritismo tem nome de recente data, que não retroage além de meio século; mas os fatos e a doutrina a que se aplica são de data bastante remota.

Nos diversos tempos, nos diversos lugares e nas diversas nações, esses fatos receberam nomes diferentes. Desde tempos remotíssimos se acreditou e se crê em reais relações entre os homens ainda viventes e os mortos, e não menos entre aqueles e outros seres imateriais de ordem superior. E a justificação desta crença, em todos os séculos, foi sempre ligada «ab immemorabili» a narrativas de fatos maravilhosos. Na Índia, entre os Brâmanes, era base fundamental da liturgia, e ainda o é, hoje, a prática das evocações dos mortos e das suas próprias divindades.

Os faquires, ou seja, os da classe inferior à casta sacerdotal, eram e são encarregados das operações a isso necessárias. Todo o poder da casta sacerdotal dependia, pois, e naquelas regiões depende ainda hoje, de uma espécie de sujeição que os mortos e a própria divindade parecem ter por todo aquele que a ela pertença.

A comunicação com os Espíritos entrava em grande parte, entre os Egípcios, nas práticas da iniciação dos mistérios e do culto de Ísis e Osíris. Os sacerdotes, os magos e os adivinhos eram os depositários dos meios ocorrentes para entrar em comunicação com os seres de ordem superior e com as almas dos mortos. Os egípcios aprenderam provàvelmente dos Magos caldeus as práticas espiritistas. Dos encantamentos, entre os egípcios, encontramos formal atestado nos capítulos VII e VIII do Êxodo, da Bíblia.

Aarão, a convite de Moisés, ante o Faraó e seus servos — que certamente não eram escassos em número, nem de nenhum modo dispostos a se deixarem iludir pelo primeiro que surgisse — converte o seu bastão em serpente. O mesmo fizeram os sábios e os feiticeiros do Reino «per incantationes ægyptiacas et arcana quœdam». Mas, a procedente do cajado de Aarão devorou as outras (22).

Pouco tempo depois, o próprio Aarão, em presença do Faraó e da sua Corte, converte em sangue as águas do rio. Outro tanto fizeram com outras águas os feiticeiros «incantationibus suis»; e o povo, para beber, teve de se apressar em abrir novos poços (23). Não muitos dias decorridos, a população inteira, do Rei ao último dos súditos, foi infestada, por ordem de Aarão, por uma invasão de asquerosas rãs. «Fecerunt autem et malefici, per incantationes suas similiter» (24), fazendo com isso acrescer a multidão das repulsivas visitantes.

(22) Êxodo, cap. VII, v. 11-12.
(23) Idem, cap. VII, v. 20, 22 e 24.
(24) Idem, cap. VIII, v. 6 e 7.

Só Aarão pôde depois reparar os males por ele produzidos, ao passo que os feiticeiros se mostraram impotentes em opor um dique ao flagelo.

2) — As práticas espiritistas deviam ser, sem dúvida, sobremodo difundidas entre os antigos hebreus, pois que, nos Livros santos, não só se fala frequentemente em feiticeiros, adivinhos, vaticinadores e encantadores, como também as evocações dos mortos se encontram explìcitamente recordadas e condenadas em mais de um lugar.

Os feiticeiros, os adivinhos, os vaticinadores e os encantadores da Bíblia correspondem exatamente aos Medianeiros, ou Médiuns do Espiritismo moderno.

Lê-se no Levítico (XIX, 31): «Não vos encaminheis aos mágicos, nem procureis saber coisa alguma dos adivinhos»... Lê-se ainda no Levítico (XX, 6): «A pessoa que declinar para magos e aríolos e com eles tiver comércio, porei o meu rosto contra ela e a exterminarei do meio do meu povo.» E mais adiante (XX, 27): «Homem ou mulher em que houver espírito pitônico ou de adivinho morram de morte. Apedrejá-lo-ão; o seu sangue recaia sobre eles.»

Punições tão graves só podiam ser necessárias para reprimir a todo custo uma prática reprovável e muito difundida. No Deuteronômio está escrito (XVIII, 10-12): «Nem se ache em vós outros quem suscite Espíritos, nem que seja feiticeiro ou encantador, nem quem consulte os pitões ou seja adivinho, nem quem indague dos mortos a verdade, pois todas estas coisas o Senhor abomina.»

O primeiro livro dos Reis nos apresenta Saul que, em Êndor, evoca a sombra de Samuel e com ela palestra. A descrição do fato retrata, em grandíssima parte, exatamente as maravilhas que ainda hoje se narram dos espiritistas.

Reproduzamos integralmente, do «Sacro Texto», esta admirável descrição (Livro I, cap. XXVIII, 7-21):

«Disse Saul aos seus servos: Buscai uma mulher que seja adivinha, e irei ter com ela e a consultarei. E os servos lhe disseram: em Êndor há uma mulher que tem o Espírito de Píton. Mudou Saul suas roupas e usou outras vestes e partiu com dois homens que o acompanhavam, e chegaram de noite à casa da mulher, e disse-lhe: Adivinha-me pelo Espírito de Píton, e faze-me aparecer quem eu te disser. E a mulher lhe respondeu: Tu bem sabes o que fêz Saul e como ele exterminou da Terra os mágicos e os adivinhos; porque me armas tu logo um laço à minha vida, para me matares? E Saul lhe jurou pelo Senhor, dizendo: Viva o Senhor, que disto não te virá mal algum. E disse-lhe a mulher: Quem queres tu que apareça? Disse Saul: Faze-me aparecer Samuel. E a mulher, tendo visto aparecer Samuel, deu grande grito, e disse a Saul: Porque me enganaste? És tu Saul. E o rei lhe disse: Não temas; que viste? E disse a mulher a Saul: Vi deuses que subiam da terra. E disse-lhe Saul: Como é a sua figura? Respondeu a mulher: Subiu um homem ancião, coberto com uma capa. E entendeu Saul que era Samuel, e lhe fêz profunda reverência, e prostrou-se por terra. Disse então Samuel a Saul: Porque me inquietaste, fazendo-me vir cá? E Saul lhe respondeu: Eu me acho no último aperto, porque os filisteus me fazem guerra, e Deus se retirou de mim e não me quis ouvir, nem por profetas, nem por sonhos. Por essa razão te chamei, para que me declarasses o que devo fazer. E disse Samuel: Para que me perguntas, quando o Senhor te tem desamparado e se passou para o teu rival? Porque o Senhor te tratará como eu to disse, da sua parte, e dividirá teu reino da tua mão, e o dará a David, teu parente mais próximo... E o Senhor até entregará contigo Israel nas mãos dos filisteus; assim tu e teus filhos sereis amanhã comigo e o Senhor entregará também nas mãos dos filisteus o campo de Israel. E Saul caiu estendido no chão, pois temera as palavras de Samuel. E a mulher se aproximou de Saul, que estava extremamente perturbado.» (*)

No IV livro dos Reis, cap. XVII, 17, se alude a práticas espiritistas («...e davam-se a adivinhações e agouros...»); no cap. XXI, 6 («...e amou adivinhações e observou agouros e instituiu pítons e multiplicou os arúspices...»); no cap. XXIII, 24 («...aboliu os pítons e os adivinhos...»).

Entre os profetas, Isaías indica a aparição de Espíritos a pítons e feiticeiros (II, 6 «...e tiveram agoureiros»; XXXIV, 14 «...nela se encontrarão os demônios com os onocentauros»; XLIV, 25, «faço baldar os prognósticos dos adivinhos e torno furiosos os agoureiros»; XLVII, 12 — «Deixa-te estar com os teus encantadores...»).

Falando de Babilônia devastada pelos Medas, prediz que «...farão ali os peludos (isto é, demônios) suas danças» (XIII, 21).

Mais claramente, porém, indica as práticas espiritistas, no cap. VIII, 19, onde se exprime assim:

«Quando vos disserem: Consultai os pítons e os adivinhos que murmuram em segredo nos seus encantamentos; acaso não consultará o povo o seu Deus, há-de ir falar com os mortos acerca dos vivos?»

E diga-se o mesmo do cap. XXIX, 4, onde se lê: «...tua voz será qual a de píton, saindo desde a terra...»

O profeta Daniel fala todavia de bruxos, encantadores e feiticeiros (II, 2), que se convocassem os adivinhos, os mágicos e os encantadores... 10 e 27 — ... Os

(*) No original, esta e outras citações bíblicas estão feitas em latim e traduzidas para o italiano. Mas, porque a retradução destoaria dos textos conhecidos em português, adotei, em termos, o da tradução do padre Pereira de Figueiredo, edição de Lisboa, 1924. — *(Nota do Tradutor.)*

sábios, os mágicos, os adivinhos e os agoureiros não podem descobrir ao Rei o mistério...)

E a encantamentos e adivinhações também alude o profeta Miqueias (V, 11): «...te arrancarei das mãos o que servia aos teus sortilégios, e não haverá mais adivinhações em ti.»

Daniel depois narra nestes termos a famosa visão do rei Baltasar (V, 5-6): «Na mesma hora apareceram uns dedos, como de mão de homem que escrevia defronte do candeeiro, na superfície da parede da sala do rei, e o rei via os movimentos das juntas dos dedos da mão que escrevia. Então, o semblante do rei se mudou, e os seus pensamentos o perturbaram, e as juntas dos seus rins se relaxaram e os seus joelhos batiam um no outro.»

No livro dos Números (XXII, 22 e seguintes) é referido um exemplo de Espiritismo nos animais. A burra de Balaão, enquanto conduz seu dono que viaja com os príncipes de Moab, vê o Anjo do Senhor que lhe impede o caminho com a sua espada, desembainhada, na mão, e a impele contra a rocha. Então, a burra se deita aos pés de Balaão, quase genufletindo ante o Celeste Mensageiro.

3) — A censura que os Hebreus faziam ao Cristo, de expelir os demônios em nome de Belzebu — (Mateus IX, 34 «...Ele em virtude do príncipe dos demônios lança fora os demônios, senão em virtude de Belzebu»; Lucas XI, 14 e 19 «E estava Jesus lançando um demônio...»; «...se é por virtude de Belzebu que eu lanço fora os demônios, vossos filhos, por virtude de quem os lançam?») — demonstra que entre eles, também nos seus últimos tempos, o trato dos homens com os Espíritos não era coisa ignota ou rara.

Nos Atos dos Apóstolos, as práticas espiritistas, em uso entre os Hebreus, são claramente indicadas nisto que ali se diz de Simão, o mago (VIII, 9-11 «...um homem por nome Simão, que tinha antes exercido a mágica, enganando o povo...»; e das operações de Elimas, judeu habitante em Pafos, junto ao procônsul Sérgio Paulo, XIII, 6-10 «...acharam um homem mago, falso profeta, judeu...»), e de uma jovem pitonisante (XVI, 16).

O apóstolo S. Paulo, na segunda Epístola ao seu caro Timóteo, recorda os feiticeiros Jannes e Mambres (III, 8), que resistiram a Moisés diante do Faraó.

Jacolliot, na sua obra «La Bible dans les Indes» (25), diz que aos Hebreus a Cabala (quanto se pode julgar pelos fragmentos chegados até nós) devia indicar perfeitamente o modo de travar relações com os Espíritos.

4) — Na antiga Grécia, os oráculos dos mortos se invocavam contìnuamente. Homero, na «Odisseia» (26), descreve Ulisses, que, a conselho e com instruções da maga Circe, interroga as sombras do tebano Tirésias, sobre a própria mãe, e sobre outras muitíssimas pessoas queridas ou famosas. As sombras dos traspassados costumavam os gregos evocá-las nas ribas do Aqueronte, em Tresprozia, de Figalia, na Arcádia, no Cabo Tenaro, em Horacleia no Ponto, e em Cuma, na magna Grécia. Chamavam-se nigromantes aqueles que exerciam semelhantes artes.

Não era sòmente o povo que se aprazia em recorrer aos oráculos dos mortos e lhes pedir respostas. Um dos sete sábios da Grécia, Periandro, manda consultar a Alma da sua mulher, que ele fizera degolar (27). Pausanias evoca a Alma de uma jovem que mandara matar. Os Magistrados fazem evocar mais tarde a Alma do próprio Pausanias (28). Ésquines recorda Frinonda e Euribate,

(25) Paris, 1869.

(26) "Odisseia", cap. X, 490 e seg.; cap. XI, em todo ele.

(27) Heródoto, V, 92.

(28) *Plutarco* — "Vita di Cimone; Delle dilazioni della Divina Giustizia; Scoliaste di Euripide", *in* "Alceste", V, 1138.

já naquela época, criminosos antigos, célebres por imposturas e sortilégios (29).

Conhecidas são as frequentes visões que Sócrates tinha do seu Gênio, e as salutares advertências que recebia, não só a respeito de coisas que lhe tocavam diretamente, mas ainda em relação a negócios de seus amigos, dos quais ele mesmo ignorava os secretos desígnios. Platão, no Teagetes, induz Sócrates a contar, citando o testemunho de entendidos, alguns casos em que, instruído pelo seu Gênio, sobre coisas ocultas, concernentes a amigos, pôde dar a tempo úteis avisos. Estes na maioria não foram seguidos, com grave dano daqueles a quem se referiam.

Às relações de vivos com os Espíritos fizeram menção ainda, além de Aristóteles, também Flávio José, Luciano, Filostrato (30).

Éfeso era famosa pelos livros de magia e fórmulas mágicas. O Evangelista S. Lucas, nos Atos dos Apóstolos (XIX, 19), regista que S. Paulo, pregando em Éfeso, muitos dos que haviam exercido as artes mágicas lhe foram levar livros e os queimaram ante todos.

5) — Os latinos não ficaram aquém dos gregos. Já nas XII Tábuas se puniam com a pena capital os que praticassem sortilégios contra as searas alheias: «Siquis alienas fruges excantassit, kapital esto» (31).

Na narrativa de Vergílio, ao falar em Eneias, que desce ao inferno para consultar a sombra de Anquises, verossìmilmente apenas se esboçam cenas espiritistas (Eneida, livro VI). Claramente Cícero nos diz que seu

---

(29) *Eschine* — "Oraz. contro Ctesifonte".

(30) *Aristóteles* — "De *Mirab.*", 160; *G. Flavio* — "Antig.", VI, 11-12; "De bello jud.", VII, 6 e 13; *Luciano* — "Philopseud.", 16; *Filostrato* — "Vita Apollon.", 4, 20, 25.

(31) *In Apuleio* — "Apologia", ed. Didot, pág. 230, col. 2 e nota à pág. 264.

amigo Ápio mantinha frequentíssimas conversações com os mortos (32). E acrescenta que, no lago Averno, nas vizinhanças de Arpino, se fazia bem frequentes vezes «aparecerem, no meio das trevas, as sombras dos mortos, todas ensanguentadas».

Plínio, sênior, conta que Libone Druso foi morto por Tibério, por havê-lo perturbado quando este atendia a evocações de Espíritos, e que o gramático Ápio evocou a sombra de Homero para indagar sobre sua pátria e seus genitores («História», XXX, 6). Columela faz menção do feiticeiro Dardano (33). A encantamentos, Horácio, (34) mais de uma vez, faz alusão. E Suetônio nos refere que Augusto, tornado pontífice, fêz queimar pùblicamente mais de 2000 livros que tratavam de encantamentos (35). Lucano, condiscípulo e rival de Nero, no livro 4º da sua «Farsália» recorda a famosa maga de Tessália, Eraton Cruda «que aos seus corpos as Almas retornava».

Por intermédio dela, obteve Sexto Pompeu o fim da inimizade entre seu pai e César. O divino Alighieri acolhe a tradição segundo a qual a famosa maga evocou mais tarde, em alguns dos seus trabalhos, a Alma de Vergílio, então recentemente falecido («Inferno», IX, 25-27):

Despira eu de pouco toda a carne
quando ela me fêz transpor o muro
para trazer uma Alma do meio de Judá.

Petrônio Árbitro (36) fala de crianças roubadas por feiticeiros. Apuleio, desposando uma viúva possuidora de 40.000 sestércios, foi, pelos parentes da mesma, acusa-

---

(32) "Tusculanæ", I, 16, 37; "De Divinat.", I, 58, 132.
(33) "De re rustica", lib. X.
(34) "Satira" VIII; "Epod." III, XII, XVII.
(35) "Vita Augusti", XXXI.
(36) "Opere", *framm.* 63, ed. Didot.

do de a ter conquistado por meio de sortilégios. De tal crime ele se defende na sua «Apologia»; mas, e ainda nas suas «Metamorfoses», denominadas comumente o «Asno de Ouro», admite que os demônios possam agir indiferentemente sobre o homem e sobre a Natureza (37). Às feiticeiras se referem ainda Plínio (38) e Sexto Pompeu Festo (39).

6) — Entre os bárbaros da Europa, nos tempos antigos, eram comuns, no meio dos Druidas, as práticas do Espiritismo, nas Gálias, e entre os habitantes de todos os países do Norte.

As evocações dos Espíritos, de uso entre os pagãos, nos primeiros tempos do Cristianismo, nos são certificadas por SS. Padres contemporâneos, entre os quais é suficiente citar Tertuliano, Latâncio, Santo Hilário, Minúcio Feliz e Eusébio (40).

Tertuliano, na sua «Apologia», claramente nos indica todas as práticas que hoje os espiritistas fazem reviver. Com efeito, fala de cadeiras e de mesas que fazem ruído ou falam, onde diz que os adivinhos do seu tempo recorriam aos demônios «per quos capræ et mensæ divinare consuerunt»; fala das visões provocadas por eles, dizendo que «somnia immittunt»; das materializações, dizendo que os feiticeiros «phantasmata edunt et jam defunctorum infamant animas»; não silencia sobre as charlatanices que muitas vezes encantadores, também então, mesclavam nas suas práticas, declarando que «multa miracula circulatoriis præstigiis ludunt» (41).

---

(37) *Apulejo* — "Opere", ed. Didot.

(38) "Histor.", XI, 95.

(39) "De signif. verbor.."; Strygæ.

(40) *Tertulliani* — "Apologetic.", XIII, XXII; id. "De Anima", LVII; *Minucii Felic.* — "Octav.", XXVII, XXVIII; *Lactantii* — "Div. Institut.", IV, 27; *Hilarii* — in "Psalmos", 94; *Eusebii* — "Histor. Eccles.", VIII, 10.

(41) "Apolog.", XIII.

Os gnósticos, difundindo muitas ideias dos seus mestres, notadamente de Filon e dos compiladores do «Talmude», deram singular impulso à difusão das práticas espiritistas, as quais longamente persistiram depois, através da Idade Média (42).

No decurso do século XI, por malévolos contemporâneos foram acusados também de necromancia, quiçá por motivo da sua doutrina, os Pontífices Romanos Benedito IX (1033 - 1044), Gregório VI (1045) e Gregório VII (1073 - 1085), que, pela «Crônica Uspergense» (1076), é chamado o maior mago de todos.

Refere esta «Crônica» que, certa vez, voltando Gregório VII de Albano para Roma, esqueceu naquela cidade um seu livro de necromancia, pelo que ordenou a dois fiéis que o fôssem buscar, mas, ai deles, se o abrissem. A proibição, porém, aguçou a curiosidade, e, abrindo-o, leram algumas linhas. E eis que lhes apareceram de pronto bandos de demônios, perguntando:

— Que desejais? Porque nos importunastes? Ordenai, ou do contrário vos saltaremos em cima!

Os dois espantados jovens não sabiam que fazer, nem dizer, e, nessa confusão, um falou:

— Abatei estes muros.

E, num abrir e fechar de olhos, os muros de Albano caíram ao chão. Os incautos jovens, persignando-se e recomendando-se a Deus, mal tiveram forças para se arrastarem até Roma (43).

Entre os séculos XII e XIII houve, das práticas do Espiritismo, um culto que participava do filosófico e do religioso. Todo astrólogo ou alquimista, refere Cantu (44), se gabava de ter um Espírito familiar obediente aos seus acenos.

---

(42) *Cantù* — "Stor. Univ.", III, 603 a 611.
(43) *Cantù* — "Stor. Univ.", V, 742/43.
(44) *Cantù* — "Stor. Univ.", V, 233, nota 60.

Miguel Scotto (1210 - 1295) convidava os amigos para um banquete, sem ter para tal preparado coisa alguma. Mas, eis que surpresas de toda a parte apareciam, e ele dizia:

— Este pitéu vem da cozinha do rei da Inglaterra; este licor da garrafeira do rei de França (45).

E Alighieri, assinalando a Scotto um lugarzinho no seu «Inferno», diz dele que (XX, 116-117):

...das fraudes mágicas veramente conhece a arte.

Cecco Stabili di Ascoli (1251 -1328) deveu em grande parte às suas doutrinas espiritistas a pira sobre a qual lhe mandaram findar seus dias.

Professores públicos de necromancia houve em Marselha e em Toledo (46).

De resto, na Idade Média foi de tal modo dominante a convicção do intercâmbio humano com os Espíritos, que, precisamente por essa convicção, se condenavam impiedosamente à morte, de entre alguns poucos em verdade culpados, quanto desgraçado, iludido ou delirante, caía em suspeita de feiticeiro, encantador, bruxo ou nigromante.

Mais do que o fanatismo religioso, alegado por alguns historiadores, teve grandíssima parte o desejo de quem então regia os destinos das nações, de tutelar a incolumidade da sociedade civil, protegendo-a contra quem se julgava que podia dispor de forças sobre-humanas em detrimento dos particulares. E, de fato, é digna de nota a circunstância de que, enquanto, sob o pretexto de exterminar os feiticeiros, se enfurecia o rigor contra muitos inocentes caluniados e muitos enfermos da men-

(45) *Ennemoser* — "Gesch. der Magie", Lípsia, 1844.
(46) *Cantù* — Ob. ed. e vol. cit., págs. 741 e 743.

te, em todos os países católicos e até em muitas províncias da nossa Itália, bem poucos processos se fizeram, por essa causa, nos Estados da Igreja, não obstante as famosas e severíssimas disposições de Inocêncio VIII, Alexandre VI, Leão X, Adriano VI, Sixto V e de Gregório XV.

Por outra parte, foram quase inumeráveis as vítimas, em países bem pouco católicos, ou por certo protestantes, sacrificadas àquela convicção estranhamente difundida naquela época. Se o fanatismo religioso fôsse o primeiro móvel daquelas encarniçadas perseguições, estas evidentemente deveriam ter apresentado maior intensidade nos Estados da Igreja, onde o erro era menos tolerado do que em outra parte qualquer, e deveriam ser menos vivas naquelas nações onde a todo indivíduo era lícito ter, em assunto de religião, ideias próprias, o que, històricamente, não aconteceu.

O conhecimento das práticas espiritistas durante a Idade Média é demonstrado ainda nas muitas lendas e histórias coetâneas, que estão plenas de narrativas, de invocações, de evocações de Espíritos, de demônios e de falecidos, de encantamentos, sortilégios e coisas parecidas

Do benigno Vergílio se fabulou que ele também se dava a práticas de necromancia, e talvez por isso o divino Alighieri o tomou por guia na sua viagem pelos dois primeiros reinos do além-túmulo.

E os contos, ainda não olvidados de todo da tradição popular e relativos a casas, palácios, castelos forçadamente abandonados devido a aparições aterradoras e repetidas de espectros; por estranhos e periódicos rumores noturnos; móveis contìnuamente destruídos por ocultas forças invisíveis; por vozes ouvidas vindas do teto, das paredes, dos quadros, das pinturas; campainhas tocando longa e espontâneamente; chamazinhas que misteriosamente acendiam aqui e ali — talvez tivessem sua origem, na Idade Média, em algum acontecimento de ordem espiritista.

Nem isso se pode excluir, ainda mesmo querendo dar grandíssima parte à exaltação da fantasia popular, à ignorância e às superstições daquele tempo, e mesmo às possíveis charlatanices dos velhacos.

A credulidade em assuntos espiritistas chegou, na Idade Média, a ponto de fazer duvidar muitas vezes da seriedade de certas afirmações e controvérsias, do equilíbrio e firmeza da razão humana. Mesmo os doutos daquele tempo não souberam, em tal assunto, acautelar-se dos mais inconcebíveis exageros. Também esses, talvez preferentemente a outros, acolheram em matéria de práticas do Espiritismo as coisas mais inverossímeis, sem discernimento e sem crítica. E nas obras de Goezia («Das relações com os Espíritos malvados») e nas de Terurgia («Das relações com os Espíritos bons e puros») encontramos recolhidas as mais grosseiras e estranhas coisas (47).

Em toda a Idade Média tanto se falou e discutiu sobre feiticeiros, magos e nigromantes; tanto se afirmou e se teve por indiscutível a tal respeito; tantos processos jurídicos se instauraram contra eles; com tanto encarniçamento se investiu contra os inculcados de sortilégios — que se deve ter por firme verdade: em nenhuma outra época tiveram as práticas do Espiritismo mais culto do que em todo esse período.

7) — Com a Renascença, quer entre o povo, quer entre os doutos, cessou a crença na possibilidade e na realidade da comunicação dos homens vivos com os Espíritos e com as Almas dos mortos.

Os encantamentos e sortilégios tão frequentemente

(47) Confr. Cantù, vol. VIII, págs. 276 a 306.

descritos em seus poemas, por Ariosto e Tasso, e a cena de necromancia à qual Benevenuto Celini diz, em sua «Vita», haver assistido certa noite no Coliseu, demonstram claramente que, em pleno século XVI, se tentava, embora às escondidas, evocar as sombras dos traspassados.

Giordano Bruno (1550 - 1600), no seu «Candelaio», mostra-se fervorosamente convicto do possível contacto dos vivos com os Espíritos (48). O Conde de Resie (49) atesta conservarem-se nos Arquivos de Nancy documentos concernentes ao fato do jovem Dalhon, de Lorena, que, tendo sido assassinado pelo pai, em 1596, manteve depois, por um ano, o cadáver animado por um demônio. Este o conservava numa espécie de vida artificial, dando-lhe, porém, a aparência de morto ambulante. Depois, foram os despojos mortais abandonados de súbito pelo Espírito que os invadira, e se decompuseram com incrível rapidez, enchendo a casa de mau cheiro intolerável.

Delrio afirmou que, ao tempo em que ocorreu o fato, não pode existir outro mais autêntico e seguro. As atas judiciárias respectivas, existentes nos Arquivos de Nancy, estão assinadas pelo Procurador Geral, Remy, e por outras muitíssimas testemunhas juradas.

Em «Miscelânea», que, do extinto mosteiro de São Pantaleão, foi para a Biblioteca Vítor Manuel, de Roma, onde tem as marcas 59 vermelha e 84, encontra-se o depoimento jurado pelo fidalgo Domingos Denza, de 40 anos de idade, cavalheiro do Santo Sepulcro, de integérrimos costumes e altamente estimado em toda a Roma. A «Miscelânea» é, indubitàvelmente, do século XVII, e o depoimento nela contido foi feito após inquérito procedido pelo Cardeal Carpegna, por ordem de Inocêncio XI, relativamente a uma aparição espiritista ocorrida

---

(48) *Cantù* — Vol. V, pág. 233.
(49) "Des Sciences Occultes", Paris, 1857, pág. 45.

com o supra mencionado Domingos Denza. Este, depois de haver sonhado, repetidamente, com uma senhora vestida de branco, foi, na noite de 19 de Abril de 1683, despertado por uma voz que o chamava, e, abertos os olhos, se encontrou ante aquela mesma figura com a qual sonhara várias vezes. Denza perguntou quem era, e a alva figura respondeu ser a Marquesa Laura Poppoli Astalli, morta havia pouco, e vinha solicitar a Denza fizesse saber ao marido viúvo que ela necessitava de 200 missas. E, tendo-lhe Denza observado que não o acreditariam e o tomariam por louco, a senhora pousou a mão sobre a coberta, dizendo: — «Mostrai onde agora toquei.» E desapareceu.

Seguiu Denza o conselho da aparição, e, mostrando a coberta da cama ao irmão, que acudira aos seus gritos, fê-lo ver o sinal da mão que ali pousara. Citando o depoimento jurado de Denza, o cronista acrescenta que o sinal da mão fora «tão vivamente impresso que apareciam nítidos todos os dedos e os ressaltos com o contorno dela em fosco queimado, ficando assinalada a palma em branco. Acima de tudo, era notável a torcedura do dedo mínimo, deformação que a marquesa havia contraído em vida, numa queda que em menina dera sobre o fogo. Esse dedo costumava ela encobri-lo com a luva que sempre usava, e parece que o Senhor Deus quisesse assim distinguir a mão da Astalli, para que não se duvidasse ser dela a milagrosa marca. E' certo que, ao vê-la, exclamaram os mais familiares:

— «Esta é a mão da Marquesa Astalli.»

Parecia muito grande para mão feminina, porém, medida várias vezes com as luvas da falecida, a elas correspondia exatamente. Ante a constatada conformidade, foi a marca reconhecida e vista por muitíssimos senhores e senhoras, por prelados, cardeais e pelo Exmo. Sr. D. Livio Odescalchi; mas ninguém o considerou com maior sentimento de piedade e religião do que Sua Majestade a Rainha da Escócia e S. S. o Sumo Pontífice (50).

A credibilidade assim prestada pelos contemporâneos, a estas narrações, é demonstrada pelas discussões que suscitaram, a respeito delas, Faculdades, Parlamentos e homens de ciência. Do poder das artes mágicas, eruditos e legisladores cogitaram até além de 1750, e contra os cultores das ciências ocultas e dos malefícios foram promulgadas rigorosas leis e se instituíram desumanos processos, mesmo depois do mencionado ano, especialmente na Inglaterra, na Suíça e na Germânia (51).

8) — No continente americano, os Peles-Vermelhas representam com bastante verossimilhança os últimos restos de uma das mais antigas raças humanas. Pois bem: os primeiros viajantes encontraram entre eles as práticas espiritistas já muito difundidas e com fama de antiquíssimas.

De práticas espiritistas, quase familiares entre outros antigos selvagens do Novo Mundo, nos fala Charlevoix, na sua «Histoire de la Nouvelle France» (52.

No México, ainda no início do século XVIII, a comunicação com os Espíritos era muito difundida, mediante as práticas do «nagualismo» (religião do «segredo misterioso»), com as quais as crianças, apenas nascidas, eram secretamente consagradas a um Espírito, designado com o nome de um animal. Isto, porém, não impedia que, pouco depois, fôssem levadas a batismo, para que, a seu tempo, pudessem fruir pacìficamente os be-

---

(50) "Nuova Parola", Roma, Dez., 1906; "Rivista delle Reviste degli Studi Psichici", Roma, Dez., 1906; "Giornale d'Italia", 26 Dez., 1905, n. 359.

(51) *Cantù* — Ob. cit., VIII, págs. 302-305.

(52) Citada por Gibier, "Le Spiritisme", Paris, 1891, página. 67.

nefícios civis concedidos a quantos professavam a religião reconhecida pelo Estado (53).

9) — Entre os povos civilizados, até metade do século XVIII, pouco mais ou menos, ninguém ousou jamais contestar a possibilidade das relações entre os homens e os Espíritos. Mas o sopro de incredulidade, que, depois da metade desse século XVIII, se difundiu pelo mundo, fêz relegar, para as fábulas, tudo quanto sobre tal assunto nos fora transmitido pelas gerações precedentes. A Ciência acreditava haver dito a propósito sua última palavra, fazendo destacar a analogia que se interpõe entre alguns fenômenos espiritistas e alguns fenômenos mórbidos, e mantinha o Espiritismo condenado ao olvido para sempre. Enquanto isso, inesperados acontecimentos mostraram quão pouco era justificada a incondicional incredulidade dos modernos, e prematuras as conclusões estabelecidas em nome da Ciência, e deram ao Espiritismo vida nova.

10) — Em Dezembro de 1847, uma família americana, de origem alemã, pertencente à Igreja Episcopal Metodista, veio estabelecer-se em uma casa da vila chamada Hydesville, no Condado Wayne, do Estado de Nova Iorque (54). Esta família era composta do Sr. João Fox, sua esposa e três filhas. Entre estas merecem especial menção Margarida, de 15 anos de idade, e Catarina, de 12. Os que conheciam esta família sempre a declararam de exemplar conduta e absolutamente incapaz de fraudes ou simulações. Nem houve jamais al-

(53) *Verdun* — "Le Diable dans les Missions", Paris, sem data, Delhomme et Briquet; *Lecosta* — "Histoire naturelle et morale des Indes Occidentales", Sevilha, 1590; *Brasseur de Bourbourg* — "Histoire des nations civil. du Méxique", Paris, 1857-1859.

(54) *Hardinge* — "History of Moderne American Spiritualisme", Nova Iorque, 1870.

guém, digno de fé, que, pelo menos referentemente ao passado, se atrevesse a desmentir tais afirmativas.

A família Fox estava apenas estabelecida na nova moradia, quando a filha maior das três contraiu matrimônio. Não muitos dias depois do enlace, de improviso, nas paredes, abóbadas e salas vizinhas às que eram de ordinário ocupadas, rumores começaram a ser ouvidos. Nos recintos onde se produziam ruídos encontravam-se seguidamente os móveis fora do lugar, ou revirados, embora na casa não pudesse penetrar ninguém estranho. As meninas sentiam, depois, principalmente à noite, mãos invisíveis deslizarem pelo corpo delas.

As diligências postas em prática, por todas as pessoas da casa Fox, para descoberta e compreensão da causa desses singulares acontecimentos, não deram resultado. Haviam começado por suspeitar de alguma grosseira facécia dos vizinhos, mas terminaram por pensar que tudo fôsse obra diabólica.

Pouco a pouco a família Fox principiou a acostumar-se com esses ruídos e fatos, que, embora enfadonhos, eram todavia fìsicamente inofensivos. E as meninas passaram a brincar com o suposto autor deles, ao qual davam a alcunha de «Pé-de-forca».

Certa noite, a pequena Catarina Fox, enquanto se divertia em fazer estalar as juntas dos dedos, teve desejo de convidar o misterioso autor das importunações domésticas a fazer outro tanto. E, no mesmo instante, idêntico estalo foi repetido, num igual número de vezes. A menina, surpresa com o caso, fêz ainda algumas vezes, porém sem rumor, alguns movimentos com os dedos, e, maravilhada, notou que, a todo movimento silencioso das mãos, correspondia um dos pequenos sons de ignota origem. A menina chamou então a genitora e lhe fêz notar que o autor dos ruídos não só possuía ouvidos para ouvir, mas ainda vista para enxergar.

A mãe de Catarina, não menos pasmada com o fato, convidou o misterioso autor do fenômeno a contar até dez, e logo foram batidas dez pancadas. Por iguais solicitações, obtiveram-se depois, por meio de golpes, respostas muito adequadas. Mas, quando se indagou do ignoto ser se era um homem, não obtiveram contestação alguma; quando, por fim, se desejou saber se se tratava de Espírito, vários golpes, nítidos e rápidos, deram indício de evidente resposta afirmativa.

Muitos vizinhos foram chamados a averiguar a realidade dos fatos que acabámos de referir. A todos o autor do fenômeno confirmou, com declarações explícitas e repetidas, ser um Espírito.

Assim nasceu na América o moderno Espiritismo, e, dos primeiros instantes, assim se aprendeu a entrar em relação com o suposto autor dos singulares fenômenos, mediante uma linguagem convencional, baseada sobre o número de golpes batidos.

Em seguida, foram encontrados outros meios de comunicação. Mas as primeiras testemunhas do fato notaram também outra coisa, isto é, que a comunicação com o suposto Espírito se tornava mais pronta e mais segura quando presente uma das filhas do dono da casa, e, em especial, quando presente a pequena Catarina. Disse-se então que, ou o Espírito tinha especial simpatia por certos seres, ou que certas pessoas têm especial poder sobre eles.

De qualquer modo, verificou-se que as relações com o suposto Espírito se estabeleciam mais fàcilmente por intermédio de alguns indivíduos do que de outros. Àqueles que conseguiam mais fàcilmente do que outros entrar em comunicação com os Espíritos foi dado, desde então, o nome de «Médiuns», que equivale dizer «Medianeiros», e chamou-se «Mediunidade» ou «Medianimidade» à condição de preencher tal tarefa.

11) — Conhecida a existência e a importância dos médiuns, procurou-se reproduzir, inclusive fora da casa dos Fox, os singulares fenômenos ali observados. As tentativas foram coroadas de felizes resultados, e não tardou a convicção de que as comunicações eram possíveis, com muitos e quiçá também com todos os Espíritos.

Buscou-se, então, palestrar com Almas de pessoas ilustres, e com aquelas de finados entes queridos. Houve Espíritos bastante complacentes e com maior razão desejosos de entrar em relações sensíveis com os viventes, e obtiveram-se deles instruções e diretrizes para facilitar as evocações e comunicações, bem como fervorosos pedidos para constituição de círculos e reuniões de caráter espiritista.

Entrementes, os médiuns se tornavam de dia em dia mais numerosos, e as práticas espiritistas iam-se difundindo cada vez mais.

Entre todos os médiuns, porém, tinham sempre a primazia os da família Fox, que se acreditou incumbida da missão de expandir o conhecimento dos fenômenos espiritistas, e que talvez então, **só então**, começou a desfrutar, para ela, o privilégio da preferência obtida da parte dos Espíritos.

Perseguida pelo pastor da Igreja Episcopal Metodista de Hydesville, que achava contrárias à religião as práticas do Espiritismo, teve a família Fox de se abrigar em Rochester, junto à filha maior, casada com um Sr. Fish, também tida como médium de muito valor. Aí, diversas comissões de cidadãos estudaram sucessivamente os fatos, e, a seu malgrado, tiveram de confessar a realidade dos mesmos.

Homens idôneos, pastores evangélicos, jornalistas, sacerdotes, magistrados, cultores de ciências exatas, não tardaram a tomar conhecimento do assunto, e a maior parte deles ficou convicta da realidade dos fenômenos e da sua natureza espiritista, com a plena segurança de não se terem enganado e de não haverem sido iludidos.

Entre esses basta recordar o pastor Haumond, o correspondente do «Courrier des Etats Unis», os magistrados Simons, John Edmonds, Tallmadge, o Dr. Dexter, o publicista Laroche Héron, o Dr. Mapes, professor de Química na Universidade de Pensilvânia, e o seu colega, Dr. Roberto Hare.

Nos inícios de 1852, o primeiro que, da América, ousou trazer para a Europa o culto do Espiritismo aportou na Escócia. Bem depressa fêz discípulos e estes se espalharam pela Inglaterra, Alemanha e Rússia. Mas, as práticas espiritistas, na Rússia, parece fôssem já conhecidas e quase de uso comum entre os Mongóis e em grande parte da Sibéria Asiática, por velha herança das antigas religiões do velho Oriente. Diga-se o mesmo da Escandinávia.

De qualquer modo, o certo é que os apóstolos do Espiritismo foram bem acolhidos por toda a parte e fizeram numerosos prosélitos.

Na França, o Espiritismo foi importado simultâneamente da Inglaterra e da Germânia, e as primeiras experiências se realizaram quase ao mesmo tempo em Paris, Estrasburgo, Marselha, Toulon e Bordéus, em fins de Abril de 1853.

Cerca de 1858, da Inglaterra e da França o Espiritismo ingressava também na Itália, tìmidamente a princípio, sob os antigos reinantes, notòriamente mais tarde, quando o sopro da liberdade invadiu as diversas regiões do Belo País.

12) — A exemplo da América, também na Europa as práticas espiritistas apaixonaram grandemente os ânimos. Mas, enquanto a maioria as considerava puerilidades, produtos da insânia ou da impostura, alguns

procuraram penetrar-lhe a natureza íntima e não as julgaram imerecedoras de consideração.

E tal qual na América, também na Europa os homens de talento fizeram delas objeto de rigorosos estudos, e os nomes de não poucos experimentadores célebres figuram entre aqueles que, também na Europa, cogitaram dos fenômenos do Espiritismo.

E tal qual na América, também na Europa descobriram-se nas práticas espiritistas grosseiros embustes com o escopo de mistificação e lucro, e isto, como sucede com o Hipnotismo, contribuía não pouco para ser olhado, pela maior parte, não só com desconfiança, mas também com o mais alto e ostensivo desprezo.

Assim, o Espiritismo se ia difundindo nas várias partes do mundo e se ia também desenvolvendo e aperfeiçoando.

Nos primeiros tempos, os Espíritos não revelavam sua presença e só respondiam às perguntas dos médiuns por meio de batimentos. Era a época do «Espiritismo tiptológico» e dos «médiuns tiptólogos».

Mas, não muito tempo depois, os Espíritos começaram a sugerir e a introduzir a conversação por meio da escrita. Veio então a época do «Espiritismo grafológico» e dos «médiuns grafólogos». Ao Espiritismo grafológico sucedeu o «Espiritismo de invasão» e dos «médiuns pitonisantes». O médium é invadido por um Espírito que se apodera dele por um tempo mais ou menos longo, transformando em sua a personalidade do médium e agindo por meio deste, assim transformado, como que por meio de um mecanismo sotoposto às suas ordens, depois do que o Espírito espontâneamente se afasta, deixando o médium nas suas condições habituais.

A seguir, teve-se o «Espiritismo vidente» ou dos «médiuns videntes». Estes, não só vêem, eles próprios, os Espíritos com quem conversam, mas os fazem igualmente ser vistos pelos que assistem às suas assembleias.

Por fim, surgiu o «Espiritismo das materializações» e dos «médiuns materializantes». Os Espíritos, no todo ou em parte, não só se deixam ver, mas têm igualmente a condescendência de se tornarem palpáveis e de palpar, em seu redor, aqueles a quem se manifestam; palestram com vozes humanas articuladas; tocam vários instrumentos, existentes ou não no lugar do acontecimento; e dão origem, sem aparelhos especiais, a fenômenos físicos cuja interpretação põe em grande embaraço o mais perspicaz e o mais douto dos observadores.

A «materialização» dos Espíritos dos mortos é comumente considerada como que um novo retorno à existência humana, e se indica, por isso, também, com o nome de «reencarnação» (*).

E' supérfluo dizer que, em todas as épocas, as manifestações espiritistas de mais recente invenção jamais excluíram ou combateram aquelas que foram descobertas e conhecidas anteriormente.

Ao contrário, umas foram sempre consideradas pelos Espíritos como desenvolvimento e complemento das outras.

E ainda hoje, nas sessões espiritistas, ao que se narra, aos golpes dados nas paredes, sobre as mesas, nos móveis, se mesclam as escritas, os sons, as vozes, as visões, as palpações, as carícias, as grosserias, o passeio de vários objetos, e outras tantas coisas que enchem justamente de admiração e de espanto a quem assiste a essas assembleias.

Das várias teorias a que deram origem os fenô-

(*) Vê-se que o Dr. Lapponi, ao escrever este livro, conhecia apenas a fenomenologia espirítica, ignorando, porém, a filosofia, a doutrina do Espiritismo. — *(Nota do Tradutor.)*

menos do Espiritismo, não devemos tratar no presente trabalho, porque este se destina ùnicamente a indagar se os fatos existem e qual é a sua mais provável ou segura razão. Apenas, aqui e ali se entenderá, algumas vezes, de tocar nessas teorias aquele pouquíssimo necessário para dar à nossa exposição a maior clareza possível.

CAPÍTULO II

Os fatos próprios do Hipnotismo

SUMÁRIO — 1) O Hipnotismo *espontâneo* e o *provocado*. — Fenômenos psíquico-somáticos próprios do Hipnotismo. — *Grande* e *pequeno* Hipnotismo. 2) O pequeno Hipnotismo espontâneo torna mais fácil o grande Hipnotismo provocado. 3) Ataques hipnóticos; fenômeno inicial nos vários casos. 4) Por que meios se determina o Hipnotismo provocado. — Classificação de Chambard. 5) As ações psíquicas. 6) As impressões sensoriais hipnotígenas. 7) As ações mecânicas. 8) As ações físicas. 9) As ações tóxicas. 10) Influência dos diversos meios hipnotígenos no determinar o fenômeno inicial do ataque provocado. 11) Educação para o Hipnotismo (*hipnotização mental*). 12) Transformação sucessiva das várias manifestações hipnóticas. 13) O letargo. — Letargia *lúcida*. — Letargia *vulgar*. 14) Fatos somáticos próprios do letargo hipnótico; simulação e descoberta. 15) Catalepsias; sua variedade. Hemi-catalepsia. e hemi-letargia. 16) Sonambulismo hipnótico; suas condições somático-psíquicas. — Transposição dos sentidos. — Hemi-letargia e hemi-catalepsia sonambúlica. 17) As *sugestões*. 18) Sugestões *intra-hipnóticas* e a *descaída* (scadenza); *Auto-sugestões;* Sugestão mental. 19) As sugestões nas várias condições hipnóticas. 20) Objeto das sugestões. 21) Refratariedade natural, e proclividade adquirida nas sugestões. 22) Sugestão comum. 23) Sugestão nos animais.

1) — Quem estuda Hipnotismo distingue nele duas variedades, indicada uma com o nome de «Hipnotismo espontâneo», e a outra com a denominação de «Hipnotismo provocado» ou «artificial».

Naquele, os fenômenos com os quais o Hipnotismo se entrosa surgem sem causa apreciável e independentemente de quem quer que seja. No artificial, os mesmos fenômenos emergem depois de estímulo proveniente de determinada causa mais ou menos conhecida e mais ou menos dependente da vontade de alguém.

No Hipnotismo espontâneo, as relativas manifestações podem ter duração larguíssima, que se alterna com pausas mais ou menos longas, de relativo bem-estar. Raramente se verifica outro tanto no Hipnotismo provocado.

Os fenômenos objetivos e sensíveis, com os quais o Hipnotismo se revela, podem ser reduzidos a três: «Letargia», «Catalepsia» e «Sonambulismo». Estes três fenômenos, suscitados pelo Hipnotismo, em certos casos se encontram reunidos, pois se sucedem um ao outro, formando constantemente uma série de fatos coligados entre si, e outras vezes se encontram separados na modalidade em que o estado hipnótico se revela apenas com o letargo, com a catalepsia ou com o sonambulismo.

Na primeira destas duas possibilidades, tem-se o «grande Hipnotismo»; na segunda, o «pequeno Hipnotismo». O grande Hipnotismo é, portanto, manifestação de modo completo, enquanto que o pequeno Hipnotismo é manifestação de forma incompleta, direi mesmo, quase abortiva. O grande Hipnotismo é aquele que, no passado, ainda se chamava «Magnetismo animal», «Mesmerismo», «Braidismo».

O pequeno Hipnotismo, que se manifesta apenas pelo letargo, ou pela catalepsia, toma a denominação de «Faquirismo», porque os faquires indianos conhecem com perfeição os artifícios para provocar em si mesmos uma ou outra dessas condições, que sabem fazer durar bastante tempo e sabem hàbilmente desfrutar, com fins de lucro. O pequeno Hipnotismo, que se exterioriza com fenômenos sonambúlicos, quando espontâneo, chama-se

«Sonambulismo» se aparece à noite durante o sono, e «Vigilambulismo» se se manifesta de dia, durante a vigília. Se é provocado, denomina-se ùnicamente — «estado sonambúlico artificial».

O pequeno Hipnotismo, que se revela espontâneamente só pelo fenômeno de vigilambulismo, é mais especialmente o que pode ter uma duração de semanas e de meses, e voltar, sem causa aparente, em períodos bastante regulares, separados por intervalos, quase de igual duração, de suficiente bem-estar. Em tal caso, poderão observar-se, na existência do paciente, estranhas alternativas de conduta, que o próprio paciente não está em condições de explicar, e que, igualmente, compreende e conhece muito menos do que os outros.

O Dr. Azam, de Bordéus, que estudou com muito cuidado alguns desses casos, deu ao estado do paciente, que mais se aproxima do normal, o nome de «Estado primeiro» ou «Condição primeira», e, ao estado de «Vigilambulismo hipnótico», o de «Estado segundo» ou «Condição segunda».

2) — Em quem apresenta espontâneamente o pequeno Hipnotismo, é bastante fácil provocar, com artifícios apropriados, o grande Hipnotismo.

E' por isso que quantos têm o pequeno Hipnotismo espontâneo são pacientes mais adaptados a apresentar, em circunstâncias oportunas, o quadro completo do grande Hipnotismo provocado, que pode, sem muita demora, ser seguido de acessos completos de Hipnotismo espontâneo.

Ficou dito que, entre os sofredores do pequeno Hipnotismo espontâneo, os sonâmbulos são os que oferecem maior contingente de indivíduos suscetíveis de apresentar o grande Hipnotismo provocado.

A proposição é verdadeira, não porque os sofredores de sonambulismo espontâneo sejam para o grande Hipnotismo mais propensos do que os letárgicos e os catalépticos, mas ùnicamente porque, entre os viventes, os que padecem de Sonambulismo espontâneo são em número mais elevado do que os que sofrem de letargia ou de catalepsia não provocadas.

3) — Qualquer que seja a sua modalidade, o Hipnotismo só se manifesta por acessos, mais ou menos distantes. Os ataques do grande Hipnotismo, espontâneo ou provocado, podem começar tanto pelo letargo quanto com a catalepsia ou com o sonambulismo. Mas, nos diversos casos, o estado inicial do acesso se transforma, espontânea ou artificialmente, nos dois outros, que formam, com o primeiro, o ataque completo.

Os acessos espontâneos do pequeno Hipnotismo podem ser o ponto de partida de um ataque do grande Hiipnotismo, se interferir alguma ação para transformar ou o letargo ou a catalepsia ou o sonambulismo espontâneo, na feição própria desse ataque de forma incompleta, nos outros dois estados que espontâneamente costumam nele faltar.

No grande Hipnotismo espontâneo, os acessos surgem, na maior das vezes, depois de um ataque de convulsões histeriformes, e, então, quase sempre o sono de prostração, com o qual termina a crise, é o princípio de letargo que constitui o primeiro modo do quadro hipnótico.

Se o estado de hipnotismo se segue a uma viva dor, ou a uma intensa alegria, o acesso começa ordinàriamente com a catalepsia; se, finalmente, o ataque aparece durante a digestão, ou em condições de modorra, ou ainda durante o sono, o fenômeno inicial mais comum é o sonambulismo.

No Hipnotismo provocado, o fenômeno inicial do acesso costuma ser diverso, conforme a diferença do meio empregado para provocar o estado hipnótico.

Se o ataque deve ser completo e assumir, por isso, a forma do grande Hipnotismo, ao fenômeno inicial fàcilmente se poderão, salvo bem poucas exceções, fazer seguir os outros dois. Se, ao revés, o acesso tiver de permanecer incompleto, não ultrapassando a forma do pequeno Hipnotismo, então, obtido o fenômeno inicial, em casos aliás bem raros, não se deverá passar além, e será mui difícil transformar este fenômeno em algum dos outros dois, ou ùnicamente em mais de um destes.

4) — Os meios, que nos pacientes naturalmente predispostos ou de outro modo preparados, servem para provocar o Hipnotismo, são variadíssimos.

Às vezes, julgavam-se para isso necessários, além de um operador dotado de supostas virtudes físicas extraordinárias, aparelhos especiais, posições determinadas, toques, pantomimas, gesticulações e manobras comicíssimas, chamadas — «passes magnéticos».

Atualmente, tem-se visto não só que qualquer mísero mortal está em condições de provocar, nas pessoas suscetíveis, o estado hipnótico, mas, ainda, que, quanto aos meios, pode excelentemente servir para esse fim tudo quanto é capaz de introduzir qualquer modificação nas condições da fantasia, sobre o estado do cérebro ou na atividade dos nervos sensoriais da periferia do corpo.

Assim, foi eliminado, do mecanismo da provocação hipnótica, grande parte daquele certo «não sei quê» de misterioso, do qual até há pouco o queriam rodear, e ficou demonstrado que nenhum fluido físico ou de outra espécie é a origem do singular fenômeno, o qual depende, de todo e absolutamente, do modo especial com que um paciente reage aos estímulos psíquicos e físicos, internos ou externos.

Chambard (55) resume em cinco grupos os vários

---

(55) Citado por Laurent no "Traité Pratique de Medécine" de Bernheim et Laurent, Paris, 1895, vol. II, pág. 529.

meios que podem provocar o Hipnotismo: 1º, as ações psíquicas; 2º, ações sensoriais; 3º, ações mecânicas; 4º, ações físicas; 5º, os meios tóxicos.

5) — Entre as ações psíquicas, que constituem o primeiro grupo, contam-se as impressões morais de toda espécie, as vivas imagens da fantasia, a deferência que se tem por um indivíduo, a convicção espontânea ou imposta de que, dadas certas circunstâncias, o estado hipnótico deverá fatalmente verificar-se.

Um espanto causado em indivíduo predisposto, uma viva alegria proporcionada inesperadamente, uma promessa agradável feita, bastam muitas vezes para suscitar o acesso do Hipnotismo. Mais de uma vez isso se verificou, em consequência do medo causado pelo choque de trens ferroviários. Igual efeito pode resultar da convicção que se faça conceber a uma pessoa do poder que outra tem sobre ela, e da sua incapacidade de resistir à ordem de entrar em estado hipnótico.

Sabe-se que Heidenhain costumava fazer cair em hipnotismo um jovem seu discípulo, permanecendo longe dele, sem mesmo nele pensar, apenas avisando-o de que, a tal hora, o faria adormecer.

Outros experimentadores (Loeventhal, Reusa, Besson, Charpignon, Teste, Guidi) provocaram o estado hipnótico nos seus pacientes por meio de um simples papel, de uma carta, de uma flor e, por fim, com pílulas de «Mica panis», que esses julgavam manipuladas por determinado farmacêutico, quando, em verdade, eram preparadas em casa. Gilles de la Tourette narra que, quando interno na Salpetrière, frequentes vezes via, a uma janela do Hospital, certa Maria, histérica e hipnotizável, costurando ou lendo. Em algumas ocasiões, divertia-se, dizendo:

— Maria, dormes?

— Não, senhor, leio.

— Mas, eu te digo que dormes.

— Não, senhor.

— Perdão; teus olhos se fecham, o teu livro vai cair; logo, dormes.

Ainda não havia ele terminado de falar, e já a mulher entrava em estado hipnótico.

Às ações psíquicas se atribui igualmente a capacidade hipnotígena da inércia ou do cansaço intelectual. Alguns indivíduos sãos, pensando no vácuo absoluto, no nada, em extensas galerias sem final — conseguem quase sempre conciliar o sono natural que lhes foge dos olhos. Nos indivíduos preparados ou predispostos, o mesmo artifício obtém muitas vezes o estado de hipnotismo.

Abstendo-se de pensar e de imaginar, abstraindo-se do tédio deste prosaico mundo, ou, ao contrário, fatigando-se a mente com o pensar, o meditar sobre coisas incompreensíveis, os bonzos e os brâmanes buscam repetidas vezes o mais clássico dos estados hipnóticos.

Na história eclesiástica fala-se de uma seita de heréticos para os quais a suprema felicidade do homem consistia em procurar para si a beatífica visão de Deus, mediante a fixação e a contemplação do próprio umbigo (onfaloscopia). Pois bem: fixando o olhar e a atenção sobre esta parte pouco estética do corpo, esses hereges terminavam procurando um bom ensejo para o estado hipnótico. E isto era talvez acompanhado de alucinações que deviam contribuir sumamente para confirmá-los nas suas crenças.

As surpresas das maravilhas do Espiritismo podem também, em indivíduo predisposto, provocar um estado hipnótico como no caso de que fala Charcot nas suas «Lições sobre as moléstias do sistema nervoso».

6) — No grupo das ações sensoriais hipnotígenas entram as excitações, rápidas e bruscas, ou lentas e monótonas, dos órgãos dos sentidos.

Um jacto de luz viva, dirigido sùbitamente para o rosto de um indivíduo preparado, pode instantâneamente provocar o estado hipnótico, e assim igualmente pode determiná-lo uma luz branda, circunscrita, que atue demoradamente sobre seus olhos, e a fixação prolongada de um objeto brilhante, ou do olhar vivaz e agudo do experimentador. De igual modo pode operar, hipnotizando, tanto um rumor repentino, muito forte, quanto o som de uma buzina, a explosão de um petardo, um batido em bombo ou a vibração atordoante de um gongo percutido, quanto o monótono tique-taque de um relógio ou a uniforme e lenta vibração de um grande diapasão.

O mesmo se diga de certos contactos súbitos ou graduais, agradáveis ou desagradáveis, de certas pressões, fricções prolongadas, certas elevações ou baixas de temperatura externa, especialmente correspondendo a certas partes do corpo.

Assisti certa vez uma religiosa, acometida de febre tifóide, que, certa noite, por motivo da elevada temperatura da febre, em algumas horas alteada a 40°,5, teve, com grande espanto das suas co-irmãs, um acesso de hipnotismo, que pude bem depressa dissipar.

De outros fatos semelhantes também trata Bernheim (56).

Uma carícia na fronte, um aperto de mão, uma pressão no alto da cabeça, bastam, não raro, para suscitar um ataque de hipnotismo. A leve excitação de certas regiões cutâneas, mais ou menos ligadas ao sentido genésico, e a compressão suave das regiões ováricas podem produzir idêntico resultado.

7) — Entre as ações mecânicas que constituem o terceiro grupo, contam-se, em primeiro lugar, os choques violentos do corpo. Os reviramentos bruscos e fortes da

---

(56) *Bernheim* — "Wiener Klin. Rundschau", número 1, 1896; "Riforma Medica", 1896, 18 de Janeiro.

cabeça, postos em prática por alguns experimentadores teatrais, são da mesma categoria.

Em segunda linha, depois, devem ser recordadas as ações mecânicas modificadoras da pressão intra-ocular, ou seja, a compressão e branda massagem dos globos oculares protegidos pelas pálpebras, e a convergência dos eixos ópticos, que se obtém convidando o enfermo a fixar a ponta do seu próprio nariz ou a extremidade de um dedo colocado perto do dorso do nariz, ao nível da abertura das pálpebras, ou um objeto qualquer colocado na vizinhança da fronte, algo acima do espaço interciliar.

8) — Às ações físicas, que formam o quarto grupo, se referem as que são próprias do ímã, da eletricidade, do banho eletroterápico.

Maggiorani, revivendo antigas observações do jesuíta Hell e de Mesmer, plenamente demonstrou que muitos indivíduos entram em estado hipnótico logo que deles se aproxima um ímã, ainda mesmo quando não o saibam.

Por meio do banho elétrico («franclinização») pode-se obter o estado hipnótico, seja quando o indivíduo se carrega de eletricidade, seja quando, feita a carga, se provocam centelhas.

9) — As ações tóxicas, que constituem o quinto e último grupo dos meios capazes de provocar o Hipnotismo, são devidas a substâncias anestésicas, tais o éter, o clorofórmio, a morfina ou substâncias inebriantes da natureza do álcool e do cânhamo indiano («cannabis indica»).

No decurso do período delirante, que resulta do emprego dessas diversas substâncias tóxicas, não raras vezes se vê estabelecer-se um estado hipnótico do qual os cirurgiões não deixam de tirar partido, durante certas operações graves e dolorosas.

10) — Conforme se suscita o estado hipnótico, com um ou outro dos meios apontados, o modo inicial do grande Hipnotismo é diferente.

Em geral, a confiança, a expectativa, a inércia, a fadiga intelectual, a fixação prolongada de um objeto brilhante ou dos olhos do experimentador, o bater uniforme de um relógio, ou o som monótono de um diapasão, os contactos, as pressões, o leve esfregar, a branda excitação das regiões erotógenas, a compressão dos globos oculares, a convergência dos eixos ópticos, as aplicações dos ímãs, produzem acessos que começam com o **Letargo**.

Mas, para obter, com os referidos meios, os efeitos desejados, é mister, ordinàriamente (nem sempre), grande calma e tranquilidade por parte do paciente, afastamento de todo rumor e de toda causa de distração, e luz moderada ou semi-escuridade no lugar da experiência.

Em sentido contrário, uma súbita impressão luminosa sobre os olhos, um brusco rumor, violento e inesperado, um sacudir repentino do corpo, um reviramento da cabeça, uma súbita elevação de temperatura febril, dão origem quase sempre a um acesso que começa com a **Catalepsia**. Este pode ser o fenômeno inicial, mesmo quando o estado hipnótico se provoca por meio de carga elétrica e pelo desprendimento de faíscas na ocasião do banho elétrico. No Hipnotismo provocado com as substâncias tóxicas, o ataque principia ora com o **Letargo**, ora com o **Sonambulismo**.

O primeiro caso se verifica se o estado hipnótico se preludia durante o período do sono profundo, e o segundo quando o acesso começa no decurso do período delirante ou alucinatório da narcose. Certas vezes, porém, o ataque que se exordia nesse fase tem por fenômeno inicial a **Catalepsia**. Quando os diversos meios, capazes de gerar o estado hipnótico provocado, são combinados, então o fenômeno inicial fica subordinado, na sua particularização, à natureza do meio predominante entre os demais meios postos em ação.

11) — Qualquer que seja o meio usado para provocar o estado hipnótico, o efeito será bem frequentemente falho e incompleto nas primeiras vezes e se tornará mais pleno com a repetição das experiências. Depois de certo número de provas, bastará o mais leve artifício, a menor ordem, mesmo o som da própria voz, a vista da pessoa do experimentador, o pensamento da parte do paciente de que tem de cair em estado hipnótico, para que este se realize.

Isto fêz dizer, mas evidentemente com erro, que, para hipnotizar, basta às vezes só a ação interior da vontade, não manifestada por nenhum sinal de gestos ou palavras (Guidi, Tommasi, Mami).

Até nos indivíduos histéricos, que pareçam ser mais robustos e mais refratários, um tirocínio paciente, uma educação preparatória adequada tornará maiores as probabilidades de êxito.

E' inegável que a frequente repetição das práticas, especialmente das que são feitas por meios violentos e com graves abalos físicos, torna o indivíduo sempre mais suscetível à hipnotização provocada.

12) — Obtido no grande Hipnotismo provocado o fenômeno inicial, não é difícil, antes facílimo, transformar este nos dois outros que com ele constituem o ataque completo. Para adquirir ideia clara e exata do que seja cada um dos três fenômenos morbosos, de que resulta o grande Hipnotismo, e para apreender de que modo e com que expedientes, no caso, possa cada um deles sucessivamente se transformar nos outros dois, creio ser útil a suposição de estarmos diante de um indivíduo **suscetível** de um **ataque provocado** de **grande** Hipnotismo.

13) — Convidemos esse paciente a fitar um objeto luzente, posto a pequena distância, adiante e acima de seus olhos. Depois de alguns minutos de espera, observa-se no paciente um ligeiro movimento de deglutição, acompanhado de leve sussuro ou gemido laríngeo; apresenta-se um pouco de espuma na boca; os olhos se fecham completamente ou a meio, e o paciente cai numa espécie de sono mais ou menos profundo. Tem-se assim o estado de letargo que, para Tamburini, é a mais constante e mais característica das manifestações hipnóticas.

No estado hipnótico, pode haver, segundo Liebault, diversos graus de letargo: no primeiro grau, não há verdadeira modorra, mas apenas um estado de sonolência, com torpor nos membros; no segundo, há legítimo adormecimento, mas os pacientes percebem e compreendem muito bem o que se passa em torno deles, e, quando despertam, recordam plenamente o que durante o esta-hipnótico sucedeu com eles e em seu derredor; no terceiro, o sono é profundo, mas os pacientes percebem ainda o que ocorre em sua vizinhança, e o compreendem vagamente, sem que, depois de despertos, tenham memória de coisa alguma; no quarto e último grau, a modorra é completa, o indivíduo está de fato isolado de tudo quanto o circunda, e, no máximo, se acha em mais ou menos relação com o que o levou ao estado de hipnotismo.

Para nós, o primeiro destes diversos graus, bastante contestável na sua sinceridade, não merece o nome de letargo; quando muito, é um prelúdio letárgico; o terceiro e o quarto formam, ao nosso ver, uma coisa só. Não admitimos, pois, do letargo senão duas variedades: a primeira corresponde ao segundo grau de Liebault; a segunda aos dois últimos graus, separados pelo observador há pouco citado.

Na primeira das duas variedades, que admitimos, o paciente jaz imóvel, com os membros inertes e pesados, sem traço de rigidez, como quem está profundamente adormecido. Tem, além disso, a pele fria, coberta de leve humidade; a respiração e o pulso lentíssimos e pouco perceptíveis; a sensibilidade genérica e específica permanece quase inteiramente conservada; olhos fixos, a pupila mediòcremente dilatada e incapaz de reagir aos estímulos luminosos; a motilidade voluntária e a reflexa periférica inteiramente suspensas, persistindo apenas a motilidade reflexa dos centros viscerais.

No entanto, a atividade psíquica interna se desenvolve como de ordinário: o paciente tudo percebe e compreende, mas se encontra na impossibilidade absoluta de significar aos outros o que sente no seu imo. Por motivo da atividade psíquica, conservada durante as condições indicadas, a esta variedade de letargo se dá o nome de **letargia lúcida**.

Em condições quase normais de saúde, tem-se um rudimento desta variedade de letargo, ou pelo menos de coisa parecida, durante aquele sono agitado por espantosos fantasmas, em que se quer gritar, pedir por socorro, mover-se e mesmo despertar, mas, ao contrário, se sente absoluta impossibilidade de fazer qualquer coisa (**íncubo**).

Da letargia lúcida há clássicos exemplos, em muitos casos de morte aparente, entre os quais me apraz citar o referido ao Senado francês, em Fevereiro de 1866, pelo Cardeal Donnet, enquanto ali se discutia a lei sobre sepultamentos.

«Em 1826, narrou ele, um jovem padre, quando pregava no púlpito de uma igreja, cheia de devotos, foi imprevistamente acometido de síncope. Um médico o declarou morto e deu licença para as honras fúnebres no dia imediato. O bispo da Catedral, onde se verificara o caso, já tinha recitado as últimas orações ao pé do morto, já haviam sido tomadas as medidas do ataúde e se aproximava a noite, no começo da qual se devia consumar o enterramento. São fáceis de imaginar as angústias do jovem padre que, estando vivo, recebia nos ouvidos os rumores de todos esses preparativos. Afinal, ouviu a comovida voz de um seu amigo de infância, e essa voz, provocando nele uma crise sobre-humana, produziu maravilhoso resultado. No dia seguinte, o jovem padre voltava ao seu púlpito. E, hoje, aquele sacerdote, então jovem, se encontra entre vós e diante de vós. Aquele padre sou eu, que vos peço providências para serem impedidas graves e irreparáveis desgraças, tal qual essa de que eu próprio fui ameaçado» (57).

Na segunda variedade de letargo, que é a mais comum e se pode distinguir pelas denominações de **Letargia simples, Letargia vulgar, Letargia ordinária,** os membros da pessoa amolecem, tornam-se flácidos, pendentes, e, quando erguidos, se os deixamos entregues a si mesmos, recaem pesadamente. O pulso é lento e a respiração algo superficial, mas o sono é calmo. Ao invés do que ocorre no estado normal, as pupilas, na letargia, são sempre mais ou menos dilatadas e não mais reagem à luz. A sensibilidade cutânea é totalmente abolida: pode-se picar, ferir, cortar, queimar, e o letárgico permanece insensível. Os órgãos dos sentidos específicos conservam certo grau de atividade, insuficiente quase sempre para impressionar, de modo relevante, o próprio indivíduo posto em estado hipnótico. O sensório comum é, mais ou menos profundamente, adormecido e, em geral, a inércia da mente é tão absoluta que se torna sobremodo difícil entrar e conservar-se em relação com a pessoa hipnotizada, ou lhe comunicar, por qualquer processo, uma ideia, estimulá-la ou agir de outro modo sobre ela.

14) — No período letárgico do Hipnotismo, tem-se, segundo a escola de Charcot, três fenômenos físicos de

(57) "Moniteur", 1 de Março de 1866, pág. 238.

suma importância: primeiro — a exageração dos reflexos tendinosos; segundo — a excitabilidade muscular permanente; terceiro — a excitabilidade neuro-muscular transitória.

Chama-se **reflexo tendinoso** ao salto que se verifica em uma parte do corpo, percutindo o tendão de um músculo em conexão com um osso. Em condições normais, este salto tem certo limite; no estado letárgico, ao contrário, ele se torna sobremaneira exagerado. Se, em condições normais, se sobrepõe uma perna à outra, na posição preferida pelos alfaiates durante o trabalho, e se percute depois o tendão rotuliano por baixo da parte anterior do joelho, ver-se-á levantar o pé, num salto de seis a dez centímetros da posição anterior em que estava. No estado de letargo, em idênticas condições, o levantamento do pé atinge 15 a 20 centímetros, e mais ainda.

Em que consiste a **excitabilidade muscular permanente?** Palpando um tanto àsperamente ou estimulando-se diretamente, por outro modo, um músculo, o bíceps do braço, por exemplo, este se contrai, fazendo dobrar, em ângulo reto, o antebraço sobre o braço. Querendo, então, forçar a parte, para reduzi-la ao estado de extensão, a contratura não cederá; mais fácil será romper o músculo.

Ao contrário, a contratura fàcilmente se relaxará, palpando-se ou estimulando-se àsperamente o músculo antagonista, que, em nosso caso, seria o músculo tríceps do braço. A juntura, então, retomará, sem demora e sem dificuldade, a sua primitiva brandura e posição. Se a contratura do músculo é provocada no indivíduo em estado letárgico, e se faz despertar o mesmo, isso sem haver antes estimulado o músculo antagonista, a contratura persiste ainda no estado de vigília. Não cede a artifício algum, até que se reponha o indivíduo em letargo e se estimule, durante este estado, o músculo de ação contrária à do músculo contraído.

A **excitabilidade fugaz neuromuscular** consiste no fato seguinte: comprimindo-se, com um dedo ou com uma varinha, um nervo motor, ao longo do seu percurso, observa-se singularíssimo fenômeno, pois todos os músculos dependentes desse nervo se contraem, e ficam contraídos enquanto perdura a compressão ou a excitação nervosa correspondente. O hipnotizador se torna imediatamente um ótimo anatomista, um fisiologista habilíssimo: não se equivoca jamais a respeito dos músculos que tem de pôr em jogo.

E' digna de especial menção a circunstância de que a **excitação fugaz neuro-muscular** se tem sempre observado com as mesmas leis, em harmonia com os dados anatômicos e fisiológicos, em muitíssimos indivíduos incapazes de qualquer embuste, porque ignorantes totalmente das coisas científicas, inscientes das investigações que sobre eles estavam sendo feitas, e eram pela primeira vez submetidos a experiências por observadores também destituídos de todo conhecimento de Anatomia e de Fisiologia.

Dissemos que os mencionados fenômenos físicos são de sumo grau de força. Com efeito, podem servir excelentemente para atestar a realidade do estado letárgico e distinguir o verdadeiro do letargo simulado.

Quem ignora o exagero da capacidade reativa que o estado letárgico comunica aos reflexos tendinosos, dificilmente saberá, quando pretender simular, como se deve conter. E, tendo conhecimento do fenômeno, ao reproduzi-lo simulando, dar-lhe-á tal exageração, que a fraude se tornará manifesta.

De igual modo agirá quem não saiba quais os efeitos das excitações musculares diretas, completadas durante o estado de letargo, e como se comportam durante esse estado e na vigília sucessiva, se oportunamente não se opera a excitação brusca direta dos músculos antagonistas — ou não pensa em apresentar o fenômeno, ou se deixa fàcilmente surpreender, em um momento de distração, pela argúcia de quem quer conhecer a verdade, pois, por mais que se pretenda ser astuto, e instruído e habituado a certos jogos musculares, o indivíduo em experiência jamais conseguirá efetuar, com a necessária prontidão, rapidez e fugacidade, as contrações musculares que, durante o letargo hipnótico, se excutam com a estimulação dos troncos nervosos. Porque nem mesmo o mais douto anatomista e o mais destro fisiologista conseguem indicar, sem um pouco de reflexão, a que músculos exclusivamente se distribuem certos troncos nervosos, e em que ponto da sua ramificação eles deixam de agir sobre certas massas musculares, embora continuando a atuar sobre outras.

Mas estes sinais, que seriam tão preciosos para averiguar a realidade do estado letárgico, e para distinguir o letargo verdadeiro de um possível letargo simulado, não são, infelizmente, nem constantes, nem característicos.

Não são constantes, porque, às vezes, efetivamente faltam; não são característicos, porque não raro se observam durante outros estados hipnóticos, e, em alguns histéricos, também fora do estado hipnótico, ao passo que, em lugar deles, durante o estado letárgico, se podem obter outros fenômenos físicos, fáceis de verificar no decurso de outros periodos do Hipnotismo.

Seja como for, o certo é que os três referidos fenômenos somáticos, **quando existem**, são sempre de grande auxílio, tanto para verificar a realidade de letargo, quanto para revelar uma possível simulação.

15) — Um indivíduo posto em estado de letargo pode ser despertado, toda vez que se lhe sopre no rosto. Em algumas mulheres histéricas, em estado de le-

targo hipnótico, pode-se obter também o despertar, mediante a compressão da região ovárica. Com uma leve pressão ou com ligeira fricção no alto da cabeça, pode-se do letargo provocar o sonambulismo.

Mas, nós, no intuito de estudo, supomos dever fazer o indivíduo passar do letargo à catalepsia, que é outro dos grandes episódios do estado hipnótico. Para tal fim bastará levantemos as pálpebras fechadas do paciente, enquanto uma luz forte ilumina o aposento. Com este simplicíssimo artifício o letárgico de há pouco se tornará cataléptico. Da catalepsia, são conhecidas três variedades: a **catalepsia simples**, a **catalepsia de fascinação** e a **catalepsia extática**.

Na catalepsia simples ou vulgar, que é a mais comum entre as catalepsias provocadas, a pessoa se imobiliza, com a fisionomia impassível, com os olhos abertos e fixos. Nenhum batimento de pálpebras. Quase sempre fica absolutamente abolida, ou, quando menos, consideràvelmente diminuída, toda espécie de excitabilidade muscular reflexa. As extremidades articuladas, por falta de resistência, assumem extrema leveza; prestam-se a todos os movimentos possíveis que se lhes queira imprimir (**Flexibilidade cérea**), e conservam, por tempo notável, a atitude que se lhes deu, embora sumamente incômoda e penosa.

Um braço, posto horizontalmente, permanece, sem nenhuma oscilação também, nos primeiros quinze minutos; uma pena, presa com as extremidades dos dedos, descreverá uma linha reta e firme sobre um tambor giratório ou sobre um plano móvel tangente. A respiração se torna lentíssima e sobremodo superficial, de modo que os traçados pneumatográficos, tomados com o registrador Marey, são constituídos por longas linhas horizontais (**pausas respiratórias**), com raras, leves e equidistantes interrupções (movimentos da respiração).

Estes dois fatos são de grande importância para

descobrir eventuais simulações. Nos simuladores, o traçado da mão horizontal se torna, dentro de poucos instantes, linha interrompida pelas mais variadas ruturas e mais singulares oscilações. Quanto à respiração, os traçados mostrarão irregularidade contínua e muito ampla. Assim, o esforço muscular, ao qual o simulador se prende para bem representar o seu papel, por si mesmo se tornará notório.

Durante a catalepsia ordinária, a corrente elétrica determina, como em condições ordinárias, a contração dos músculos sobre os quais age; mas tal contração, cessada a ação da corrente, não persiste como persiste aquela que os mesmos músculos adquirem quando às articulações correspondentes se imprime um movimento passivo de uma dada espécie.

Também deste fato se pode tirar partido para a descoberta de possível simulação. O simulador, se não é muito versado em Neuropatologia, deixar-se-á apanhar fàcilmente no ardil. Sob a ação da corrente elétrica, ver-se-á obrigado a contrair o músculo estimulado; mas, cessando o estímulo elétrico, continuará a manter o membro na posição que lhe foi comunicada pela eletricidade, e, só com isto, revelará a fraude que tentou.

Na catalepsia vulgar, as faculdades mentais estão em grave estado de inércia; esta, porém, é muito menos grave e menos absoluta do que na letargia. Certas imagens ainda se produzem na imaginação, mas permanecem absolutamente isoladas, ou, quando muito, associam-se em grupos bem limitados e não mais têm o controle daquela grande série de ideias pessoais, acumuladas e associadas de longo tempo, as quais formam o patrimônio fundamental da consciência pròpriamente dita. Por isso, se essas imagens se traduzirem exteriormente por algum movimento, os atos por elas suscitados se distinguirão pelo seu caráter isolado, inconsciente, automático, e, direi, francamente mecânico. Em tais condições de fatos, tem-se verdadeiramente sob os olhos, em sua mais perfeita simplicidade, o **Homem-máquina**, sonhado por Le-Mettrie.

Quanto aos sentidos, a incapacidade de sentir a dor física é das mais absolutas; mas, os sentidos específicos, o tato de resistência, o gosto, o olfato, a vista e o ouvido conservam, em certa medida, a sua atividade. Persiste igualmente a sensibilidade muscular.

A persistência de uma parte da atividade das faculdades psíquicas e, parcialmente, da atividade sensorial, permite impressionar, de algum modo, a imaginação do paciente em catalepsia vulgar e permite entrar em alguma relação com ele.

Na maior parte dos casos, o único meio pelo qual podemos entrar em relação com o hipnotizado em catalepsia, é pondo em ação a sua sensibilidade muscular. Então, só um gesto, uma atitude, bastará para suscitar no paciente a ideia que lhe queremos transmitir. Feche-se-lhe, por exemplo, o punho em posição agressiva e a fisionomia tomará expressão ameaçadora. Ao contrário, aproxime-se-lhe da boca os dedos estendidas, de uma de suas mãos, em menção de atirar um beijo, e o rosto não deixará de exteriorizar a expressão correspondente de doçura, de bondade, de benevolência.

Assim também, excitem-se os diversos músculos da face, de modo a reproduzir o aspecto que apresentam na tristeza, no medo, na ira, na alegria, e ver-se-ão logo as outras partes do corpo tomarem posição em harmonia com as imagens que o estado dos músculos da face desperta no cérebro da pessoa em experiência.

Dando a cada um dos dois braços de um indivíduo em catalepsia atitude de expressão contrária, por exemplo, de saudação ao direito e desprezo ao esquerdo, também as duas metades da face assumirão expressão diferente, que será de benevolência no lado direito, de aversão no lado esquerdo. O mesmo sucederá com os braços, se se comunicar uma atitude de expressão contrária às duas metades laterais do rosto.

A grande correspondência que existe sempre entre a espécie de atitude e a expressão da fisionomia, com os catalépticos, fêz nascer a suspeita de que os antigos escultores gregos, em algumas de suas obras-primas, tenham tido por modelo pessoas postas em catalepsia.

Mas, de qualquer modo, o certo é que a ideia suscitada na catalepsia, por intermédio do senso muscular, permanece sempre isolada, sem difusão, sem associação, e se fixa, por assim dizer, na imaginação, ocupando-a inteiramente, enquanto perdura a ação muscular, pela qual o membro é mantido na posição expressiva, artificialmente determinada.

Se a atividade funcional do órgão da vista prevalece sobre a do sentido muscular, ou então se, durante a catalepsia, ou com uma luz viva, com um olhar imperioso, com um ruído ou por algum outro meio se consegue atrair, para si ou para alguma pessoa da reunião, a atenção do paciente, a dominá-lo com o olhar, como diz Bremaud, ter-se-á então a **Catalepsia com fascinação**.

Aos outros fenômenos físicos, que caracterizam, a esse tempo, a catalepsia vulgar, junta-se uma excitação motriz suscitada pelas percepções visuais e em harmonia com elas.

O olhar do paciente se fixa no do experimentador, ou no da pessoa que o representa: se esta anda, também anda o cataléptico; se ergue o braço, ergue-o também o cataléptico; se faz gesto de beber, ainda o cataléptico o imita; se fecha um dos olhos, o mesmo faz o cataléptico; se abre a boca, outro tanto executa o cataléptico; se põe a língua para fora, o cataléptico reproduz o mesmo ato.

Então, se se fala ao cataléptico, ou ele não responde, embora mova os lábios de modo análogo ao de quem fala, ou repete, à guisa de eco, as palavras ouvidas.

Não mostra ter outras ideias além das sugeridas, por intermédio da vista, pela pessoa ou pelo objeto que parece absorver toda a pouca atenção de que ainda é capaz; pode-se insultá-lo atrozmente, e nenhuma das fibras de seu rosto estremecerá; bater-lhe, e não demonstrará aperceber-se de tal; ofendê-lo, feri-lo, queimá-lo, e ele, quando nada veja, não reagirá de modo algum. Só enxergando é que procurará reproduzir o gesto ou ato por ele observado, porém de modo puramente mecânico. Mas, então, pode ficar inerte em meio do que está fazendo, se uma vontade estranha à sua não solicitar a realização completa.

Frequentes vezes persiste certo grau de consciência, porque, se se interrompe o estado hipnótico, a pessoa refere em grande parte o que viu, executou e sentiu, embora assegure que não estava em estado de exercer aquele vislumbre de vontade própria que ainda lhe restava.

Às vezes, na catalepsia persiste a atividade passiva da mente, conjunta a um certo grau de consciência e de memória, e exagerada atividade da imaginação. Tem-se então aquela forma de **Catalepsia** que se denomina **extática** ou **Catochus** ou **Catalepsia espúria**.

As imagens que a imaginação, operando de modo espontâneo neste estado, apresenta à mente, não influem grandemente sobre a atitude da pessoa; ao contrário, o rosto conserva a expressão apática e imóvel que se observa na catalepsia ordinária. A sensibilidade geral e especial é abolida ou diminuída, em um mesmo grau, nos diversos órgãos do corpo. A respiração é lenta e superficial; lento e pequeno o pulso; fria e descorada a superfície do corpo; coexiste, porém não no grau típico, a flexibilidade cérea dos membros ou a ela se substitui uma particular contratura tônica transitória.

No hipnotismo provocado, a catalepsia não assume quase nunca esta última das três formas acima citadas.

Se ao cataléptico se abaixam as pálpebras dos dois olhos, a catalepsia cessa imediatamente, para dar lugar ao letargo. Quando, porém, em vez de abaixar as pálpebras dos dois olhos, se abaixa apenas a de um, observa-se então estranho fato: enquanto a metade do corpo correspondente ao olho aberto permanece em estado de catalepsia, a outra metade correspondente ao olho que foi fechado apresenta os conhecidos característicos físicos do letargo. Deste modo se produzem os casos de **hemicatalepsia letárgica** ou **hemiletargia cataléptica.**

A exemplo do estado de letargo, assim se pode também fazer desaparecer o estado de catalepsia, soprando-se ligeiramente sobre o rosto da pessoa em experiência.

16) — Mas, ao revés, fazendo-se ligeira fricção sobre o alto da cabeça, ver-se-á então aparecer o **Sonambulismo**. O sonâmbulo tem os olhos fechados ou semifechados, e, quando entregue a si próprio, quase sempre parece dormir, mas o relaxamento dos membros é bem menor que na letargia: as funções da respiração e da circulação se cumprem de modo normal.

Os fortes e profundos estímulos mecânicos dos músculos e a pressão sobre os troncos nervosos motores quase nunca dão lugar, sem o socorro de algum outro elemento estranho, ao fenômeno da hiper-excitabilidade nervo-muscular; mas, ligeira fricção na cútis determina contração assaz duradoura dos músculos locais. Esta contratura não cede, qual a da letargia, à excitação dos músculos antagonistas, e sim se resolve apenas pela continuação daquelas mesmas débeis excitações que as provocaram.

Fato característico é a exaltação da força muscular e da acuidade dos sentidos específicos. Em lugar desta última, algumas vezes se observa a abolição quase completa da atividade dos órgãos sensoriais correspondentes.

Se a um sonâmbulo ocorrer a imaginação de ir a

determinado lugar, causará estupefação a enorme força muscular que ele saberá desenvolver para afastar do seu caminho todos os possíveis obstáculos.

A função visual adquire agudeza extraordinária: através da pequena fenda deixada pelas pálpebras semi-fechadas, e com auxílio de pouquíssima luz, o sonâmbulo fàcilmente lê caracteres diminutíssimos, realizando assim a famosa experiência da visão sem interferência dos olhos.

Mas a agudeza da vista jamais é tal que permita aos hipnotizados a visão através de corpos opacos. Por isso, todas as histórias de **clarividência** ilimitada nas pessoas em estado hipnótico devem ser relegadas para o campo das fábulas, pelo menos até melhor demonstração em contrário, se bem que, para as coisas postas a distância, não se possa dizer que sejam absolutamente absurdas.

Extraordinária potência perceptiva pode atingir os sentidos da audição, do olfato e do tato. O exagero da potência auditiva pode rivalizar com a indizível agudeza da faculdade visual, ao ponto de não tornar inadmissível a audição a distâncias singulares, o que, entretanto, até agora, não tem sido ainda constatado nos hipnotizados.

Quanto ao sentido do tato em particular, cabe advertir que, conquanto possa alcançar fenomenal sensibilidade pelo contacto, resistência e calor, pode perder de todo a propriedade de sentir dor.

Como prova da delicadeza que o sentido do tato pode, por alguns lados, apresentar nos sonâmbulos do hipnotismo, o Dr. Azam refere que pondo a mão nua a 40 centímetros do dorso descoberto de uma hipnotizada, em sonambulismo, esta se dobrava para a frente, lamentando-se do grande calor que experimentava naquele ponto. Outro tanto ocorria, com a sensação de frio, pela aproximação de um pedaço de gelo, em igual distância.

Quanto à agudeza funcional dos aparelhos sensoriais nos indivíduos hipnotizados que se encontram em sonambulismo, é de observar igualmente que não diz respeito a todas as impressões sensoriais, mas ùnicamente àquelas que têm relação com as ilusões que os dominam. O sonâmbulo vê, ouve e sente apenas o que entra no âmbito das ideias suscitadas na sua imaginação; está fechado para todas as outras impressões exteriores, as quais, no máximo, são percebidas no grau de simples impressões indefiníveis.

O fato é singular, mas não difícil de interpretar, conforme adiante veremos. Junto com a exaltação funcional dos órgãos e dos aparelhos sensitivos pode-se ter ainda uma superexcitação de alguma das faculdades cerebrais, enquanto a mór parte delas permanece em estado de obnubilação e de torpor mais ou menos relevante.

A memória pode ser vivíssima, tanto no que concerne aos fatos do momento, quanto aos da vida pretérita; mas existe isto de singular: enquanto, no estado de sonambulismo, o indivíduo recorda, e com muita exatidão, tudo que se refere ao estado, ainda que remoto, da vigília — ao revés, no estado de vigília habitualmente não lembra coisa alguma do que lhe sucedeu ou experimentou durante o sono hipnótico. Para que o paciente possa recordar o que disse, fêz e ouviu no sono, é necessário ser bruscamente despertado, quando em plena atividade sonambúlica, ou que seja reconduzido ao estado hipnótico.

Mas, mesmo nestes dois casos, nada recordará, se tal esquecimento lhe for imposto por especiais circunstâncias. Algumas vezes, também a inteligência parece tornar-se mais ativa do que no estado normal.

Bremaud conta de um seu parente, aluno de Liceu, que, posto em sonambulismo, ràpidamente resolvia, e com elegância, um difícil problema de trigonometria, com o qual, pouco antes, em estado de vigília, se encontrara fortemente embaraçado. Quando, de novo, desperto, a dificuldade continuava.

De qualquer modo, a atividade da inteligência, no estado de sonambulismo hipnótico, nunca se eleva ao ponto de permitir se chegue ao conhecimento de coisas ocultas, acontecimentos porvindouros, segredos científicos, dos quais não se tenha tido conhecimento por outros meios. Isto, que constitui uma das variedades da **clarividência**, pretende-se atribuir aos hipnotizados — sem suficientes provas, até agora.

Contam que indivíduos iletrados, em estado de sonambulismo, falaram em idiomas deles absolutamente desconhecidos em condições normais. O fato deve ser acolhido com todas as maiores reservas. E, pelo que sabemos a respeito, diremos oportunamente de que modo — no bem conhecido caso único — as coisas realmente ocorreram.

Nos casos ordinários, é a imaginação das faculdades mentais que domina a situação. Os fantasmas, por ela produzidos, são apresentados ao intelecto tão vivamente que lhe faz supor ser uma realidade; enquanto que, no sonambulismo natural, a sua atividade é sempre espontânea, ou pelo menos suscitada por impressões anteriores, em oposto ao sonambulismo hipnótico, no qual a capacidade de operar recebe o embate ùnicamente das sensações externas, às quais se associa a recordação de outras sensações antecedentes. Por isso, procurando determinadas sensações, ou valendo-se de qualquer artifício congênere, é fácil provocar na imaginação do sonâmbulo aquelas imagens que melhor agradem.

Em todo caso, o despertar da ideia determinada pela sensação, ou pelo artifício que agiu, resulta sempre num fenômeno parcial, se bem que o número dos elementos postos em jogo seja menos limitado do que na letargia e na catalepsia.

Algumas vezes, o fenômeno psíquico apresenta uma difusão bastante ampla, que revela certa tendência à reconstituição da personalidade do paciente, e, então, os movimentos conseguidos perdem a rigidez dos atos automáticos e apresentam, em risco de causar ilusão, o seguimento de ação espontânea, senão deveras deliberadas e premeditadas.

Sob particulares circunstâncias, o sonâmbulo parece possuir ainda um certo grau de vontade, o qual talvez jamais se encontra no automatismo da catalepsia. E' a vontade do sonâmbulo bastante fraca, e, talvez em razão do limitado campo de atividade intelectual, esta é fàcilmente dominada pelas imagens que surgem espontâneas ou que de outro modo se despertem na imaginação. Alguns fatos parecem autorizar que se admita nos sonâmbulos hipnóticos até uma certa consciência das próprias ações e da sua moralidade.

No curso do estado de sonambulismo hipnótico parece que, às vezes, se possa obter o singularíssimo fenômeno da chamada — **transposição dos sentidos**.

O Prof. Lombroso narrou, há algum tempo, o caso de uma senhorita histérica que, durante alguns acessos de sonambulismo, subsequentes a ataques de catalepsia (evidentemente era caso de hipnotismo espontâneo), perdia totalmente a visão com os olhos, enxergando, em lugar deles e com o mesmo grau de agudeza, com a ponta do nariz e com o lóbulo da orelha esquerda (*). E com esta parte do corpo distinguia não só as cores, mas ainda os caracteres de uma carta recebida havia pouco. Curiosa era a nova mímica com que reagia aos estímulos trazidos ao que chamaremos — olhos transpostos. Concentrando sobre eles, com uma lente, alguns

(*) Sobre este curiosíssimo fenômeno, Lombroso dá importantes detalhes no livro *Hipnotismo e Mediunidade*, edição da Federação Espírita Brasileira. — *(Nota do Tradutor.)*

raios de luz, por fração de segundo, ressentia-se vivamente e gritava:

— Que é isso! Queres cegar-me?

E sacudia a cabeça, protegendo com o braço o local, como procederia a respeito dos olhos, se estes fôssem atingidos por intensa luz.

Idêntica transposição se dava com o olfato. O amoníaco, a assafétida, postos sob o nariz, não logravam reação alguma, enquanto que, aproximados do queixo, provocavam espirros e constringiam a doente a agitar a cabeça em sinal de náusea e aborrecimento (58).

Petetin cita o caso de jovem cataléptica que, em dados períodos, apresentava no epigastro os sentidos da audição e do olfato; Despire fala no caso de uma adolescente, que era submetida à ação magnética, para a cura de uma paralisia produzida por traumatismo no dorso, jovem que tinha o ouvido na mão, no ângulo do cúbito, no ombro e no epigastro.

O Dr. Visani Scozzi narra de um seu paciente que manifestava transposição do sentido visual para as duas regiões zigomáticas, especialmente da esquerda, e para a rótula do joelho direito, em cuja área tinha a faculdade de reconhecer as cores, de ler palavras escritas em grande formato, de distinguir os objetos. Toda a sensibilidade dos órgãos visuais se transplantava para essas regiões, que não se podiam tocar, ainda que de leve, sem que determinasse no paciente reação igual à de furar um olho com o dedo.

A propósito, o dito Dr. Visani Scozzi, fazendo ulteriores experiências, acreditou que o paciente nada poderia ver do que não fôsse também visto, primeiramente, pelo experimentador; mas, mesmo interpondo uma co-

---

(58) *Ziemssen* — "Patologia e Terapia speciale Medica", vers. italiana, Nápoles, 1883, vol. XII, pág. 592, nota; "Fanfulla della Domenica" (revista), 22-10-1882.

bertura, um obstáculo, entre a zona visual do paciente e o objeto, aquele o distinguia, com um pouco de dificuldade, mas com precisão sempre, naturalmente coadjuvado, nessa percepção (capaz de atravessar o obstáculo), pelo pensamento do experimentador (59).

Durante o sonambulismo, pode produzir-se sucessivamente: primeiro, a **hemiletargia**; depois, a **hemicatalepsia sonambúlica**, fechando e depois reabrindo um dos dois olhos. O paciente apresenta então um belo exemplo disto que se denomina **dualismo cerebral**: enquanto uma das metades do corpo dorme ou é imobilizada na posição cataléptica escolhida, a outra metade permanece em estado de vigília aparente de atividade plena.

Nestas condições, o paciente, se parece ter qualquer conhecimento do que ocorre em uma das metades do seu corpo, mostra, de modo indiscutível, ignorar, totalmente ou quase, o que acontece com relação à outra metade.

O sonâmbulo, se tal se deseja, pode permanecer no estado hipnótico 24 — 48 horas ou mais. O despertar pode-se obter com variados processos: o sopro sobre os olhos é o mais simples, e talvez o mais eficiente.

A esta altura, julgamos oportuno referirmo-nos aos fenômenos por alguns denominados — **transferência** (**trasferto**) e **polarização**, que se possam manifestar no estado sonambúlico, na fase cataléptica, ou na letárgica sob a ação do ímã.

Se a um paciente, que de um lado permanece sonâmbulo e de outro cataléptico (isto com o fechar-se-lhe um dos olhos), for aplicado um ímã do lado cataléptico, a poucos centímetros da cabeça ou do tronco, inverte-se o estado hipnótico de ambos os lados (**trasferto**). Assim se transferem, no estado de sonambulismo completo, de

---

(59) *Dr. P. V. Scozzi* — "La Medianità", Firenze, 1901, página 48.

um para o outro lado as paralisias, as contraturas, os aumentos e as diminuições da sensibilidade, e assim entre as contraturas se produz e se transfere aquele mesmo endurecimento causado por pequenos golpes de mão batidos sobre massas musculares de uma articulação; e se tem assim também uma qualquer coisa similar à parcial rigidez cadavérica — fenômeno que Charcot denominou de **falsa catalepsia**.

A transferência (**trasferto**) se pode observar igualmente no estado de vigília, desde que o paciente seja sugestionado de modo a sentir algum dos ditos fenômenos, mesmo depois de despertar.

Mas, deve-se notar que o mecanismo de ação do ímã não deve ser considerado nem único, nem bem definido, por isso que um mesmo tratamento pode provocar a transferência, tanto de paralisias quanto de contraturas, anestesias, hiperestesias, as quais têm, respectivamente, causa e base diversas.

Aplicando, ao contrário, posteriormente, o ímã sobre o eixo cérebro-espinhal, em correspondência da linha mediana, obtém-se o fenômeno chamado **polarização**, no qual se destrói, com a inversão do ímã, um estado particular de origem sugestiva: na contratura, consegue-se a volta ao natural; na paralisia de uma articulação, obtém-se o movimento.

Mas, onde mais especialmente se pode positivar uma inversão, uma quase coordenação ao pólo oposto, é nas esferas imaginativas e passionais, de modo que uma alucinação sensória de prazer se transmuda ràpidamente em visão triste e amedrontada; um estado de ânimo tranquilo e benévolo, em ódio e ira, e assim por diante.

A realidade de tais fenômenos (muito discutida, porque estes podem algumas vezes manifestar-se também com o simples aproximar da mão do operador ao paciente) foi reafirmada, na Itália, por muitos valiosos cultores desse estudo, de reputação insuspeita, entre os quais vale recordar Bianchi e Sommer.

No curso dos três fenômenos mórbidos que descrevemos até aqui, como fazendo parte integrante de um acesso completo de **Hipnotismo provocado**, pode apresentar-se à observação um fato singularíssimo, por não dizer deveras maravilhoso, que se conhece pelo nome de **sugestão**.

Chama-se sugestão à insinuação de uma ideia, à inspiração de um desejo, de um propósito, de uma determinação, de um ato, e consiste em provocar, com meios adequados, num indivíduo as ilusões que, em dado momento, a sua imaginação deve dòcilmente criar, com vivacidade tal que possa sentir-lhe os efeitos até nas funções orgânicas involuntárias.

18) — As visões impostas por sugestão são capazes de se traduzirem em atos, tal qual aquelas que espontâneamente surgem ou as resultantes da ação reflexa da vontade. E esta transformação das ilusões impostas pela sugestão, por ação exterior, não só se pode verificar durante o estado hipnótico **(sugestão intra-hipnótica)**, mas igualmente em época mais ou menos determinada, para depois do despertar **(sugestão pós-hipnótica)**, sem que o indivíduo, ao retornar ao estado normal, recorde — como, quando, **porque** e de onde a ideia lhe veio à mente.

As sugestões que devem ter efeito, em época mais ou menos preestabelecida, se distinguem com o nome de — **sugestão a prazo**. O autor da sugestão pode ser o próprio paciente ou outra pessoa. No primeiro caso, a sugestão se dirá melhor — **auto-sugestão**, ou sugestão por si mesmo, e pode ser voluntária e consciente, como quando se formula em plena vigília e em condições normais de saúde, ou então involuntária e inconsciente, quando se estabelece no sonho, durante o sono, ou no meio de um delírio mórbido, ou sob a influência de ilusões ou alucinações mais ou menos transitórias.

No segundo caso, a sugestão se denomina — **comum** ou **extrínseca**, e, no mais das vezes, não é eficaz, se não provém daquele que provocou o estado hipnótico, ou de quem autorizou a fazer suas vezes ante a mente do paciente hipnotizado.

Quando a sugestão age do exterior do paciente, deve ser sempre comunicada mediante qualquer sinal sensível, um aceno, um gesto, uma palavra, uma impressão sensorial, uma modificação da sensibilidade muscular.

Quando a sugestão atua, ao contrário, do interior do próprio paciente, é a fantasia da imaginação quem faz as vezes do sinal sensível de comunicação. Faltando este sinal, a sugestão não se transmite.

Nenhum fato cientìficamente bem constatado justifica, por enquanto, a hipótese da **sugestão** puramente **mental**, de que tanto se tem falado, e segundo a qual a sugestão se transmitiria sem que nenhum sinal exterior traísse o pensamento formado pelo cérebro de quem quer insinuar, em outra mente, uma ideia própria.

Janet e Gilbert falam certamente de sugestões efetivadas a distância, com o exclusivo auxílio do pensamento sobre uma paciente habituada a ser hipnotizada por um deles, mas, repitamos, é mister muita cautela no aceitar certos fatos e certas assersões, de dificílima constatação, e que, por enquanto, não encontraram confirmação positiva.

E' provável, por outra parte, que nos indivíduos afeitos a repetidas práticas hipnóticas se verifique requintada sensibilidade hipnótica, a ponto de permitir a um operador, que se encontre a alguns metros de distância, provocar neles fenômenos de sugestão — porém, sempre com algum sinal exterior que manifeste o pensamento do agente-operador.

19) — A condição hipnótica do letargo é a menos propícia a estabelecer uma sugestão. E isto ocorre porque, se o letargo é completo, tal qual na forma ordinária, então o indivíduo está qual um morto para o mundo exterior; se, porém, é incompleto, como acontece na letargia lúcida, então as faculdades mentais são suficientemente senhoras de si para não sofrerem os efeitos de uma imposição de ideia vinda do exterior.

Mas, também na letargia hipnótica podem ser feitas sugestões, especialmente das que devam ter efeito depois do despertar, e isto acontece quando a letargia, de forma lúcida, é acompanhada por eventuais ilusões ou alucinações.

Algo mais fácil é a sugestão no estado hipnótico da catalepsia. Mas, na catalepsia simples e na fascinatória, a sugestão só pode proceder do exterior, enquanto que, na catalepsia extática, pode provir tanto do exterior, quanto do imo do paciente no qual se estabelece. Neste segundo caso, o agente da sugestão consiste nas imagens e nas visões que a imaginação, parcialmente excitada, apresenta ao intelecto do paciente. Por isso, obtém-se uma verdadeira auto-sugestão.

A sugestão, na catalepsia, bem raro tem seguimento pós-hipnótico, mas quase sempre se cumpre durante o estado hipnótico. E raramente vai além da imagem ou da ficção suscitada pela percepção do ato ou do objeto que impressiona o indivíduo.

Se ante os olhos de um cataléptico se agitam os dedos, de modo a imitar o voo de um pássaro, o paciente seguirá com o olhar o voo da imaginária ave, até que uma nova impressão sensorial venha mudar o curso das ilusões da sua imaginação. Se se colocar na mão da pessoa um utensílio que lhe seja conhecido, um fole, por exemplo, começará logo a soprar com o fole, e soprará indefinidamente, sem que a sugestão passe disso.

Em casos excepcionais, a sugestão na catalepsia consegue obter a execução de uma ordem algo complexa, executada, porém, com a rigidez do automatismo, e que, sendo repetida e executada mais vezes, em dado momento, sem causa aparente, de súbito se suspende e fica em meio. Em casos excepcionalíssimos, pois, a sugestão cataléptica basta para provocar alucinações ou ilusões um tanto duradouras e complexas, acompanhadas ou não de ação paralela.

O sonambulismo é a condição hipnótica mais propícia para as sugestões de toda espécie. Nele, tanto as imagens da fantasia, quanto as impressões sensoriais, especialmente as que são provocadas pelos circunstantes e em particular pela hipnotização, ou dos indivíduos que o hipnotizador declara a ele associados ou façam as suas vezes — podem ser o ponto de partida da sugestão.

20) — Objeto da sugestão podem ser tanto as funções orgânicas e sensoriais, quanto os desejos, as tendências e ações da fantasia, as operações mesmas do intelecto e os atos da vontade, enquanto dependam dos efeitos da imaginação e se coliguem com estes.

Sugira-se a um indivíduo, em sonambulismo provocado, vomitar e perder sangue pelo nariz, ou durante o estado hipnótico ou depois do despertar; sugira-se a outro indivíduo, nas mesmas condições, ficar cego de um dos olhos, ou inteiramente mudo, por um ou dois dias, seja durante o sono hipnótico, seja durante o estado de vigília consecutivo. E, com grande surpresa, ver-se-á que, no momento e prazo preestabelecido, um vomitará, outro perderá sangue pelo nariz, outro ficará cego de um olho ou permanecerá na impossibilidade de falar.

— «Deveis ter sede» — diga-se a um paciente em sonambulismo.

— «Para vós, o vinho é delicioso; eis aqui vinho de Marsala; bebei-o e dizei-me depois que vinho parece que vos dei; sabei, enfim, que este vinho vos embriagará por meia hora.»

O indivíduo pega o copo que se lhe oferece, cheio de água, ou também vazio, ou ainda contendo nauseante mistura de assafétida ou de outra de amaríssima coloquíntida. Beberá ou fará o gesto; achará magnífica a bebida que se lhe proporcionou; agradecerá a cortesia de que foi alvo; durante o período premarcado, exteriorizará todos os sintomas da embriaguez.

Assim, ministrando água pura em vez de emético, obtém-se o vômito. Também no pós-hipnótico, prolongado, empregando-se matérias indiferentes (sem peculiaridades típicas), às quais, em repetidas sugestões, se atribuem virtudes medicamentosas, tais matérias agem no organismo no sentido da propriedade das virtudes que lhe foram atribuídas.

Por sugestão, durante o estado hipnótico, não seria difícil obter até aquele singularíssimo fato que Lombroso (*) já descreveu como espontâneo na sua cliente, com transposição dos sentidos, e pelo qual, como ficou dito anteriormente, pode-se ver com o lóbulo da orelha, sentir os odores com o queixo, e assim por diante.

Se tal se deseja, por meio da sugestão pode-se produzir, no paciente em exame, durante o estado hipnótico, a convicção mais íntima de já não ser ele a personalidade que realmente é, e sim uma outra do seu conhecimento, ou de que se tornou um ou outro irracional. Na conformidade dessa convicção, ver-se-á o hipnotizado pautar todas as suas ações.

Assim, também, por meio idêntico e nas mesmas con-

(*) Dos admiráveis trabalhos mediúnicos obtidos por Lombroso com Eusápia Paladino, com a presença e participação de cientistas do valor de Charles Richet, Schiapparelli, Aksakof, Morselli, Du Prel e outros não menos notáveis, veja-se o mencionado livro *Hipnotismo e Mediunidade*. — *(Nota do Tradutor.)*

dições, pode-se fazer o paciente acreditar ser simultâneamente pessoas diferentes, que executam, até onde a realidade o permita, coisas diversas, ou sucessivamente ou com as duas metades do corpo. No primeiro destes dois casos, obtém-se a chamada **substituição da personalidade**; no outro, **desdobramento da personalidade**.

Em oportunas condições de sonambulismo provocado, entreguem-se a um indivíduo quatro ou cinco retângulos de papel perfeitamente branco e absolutamente iguais, dizendo-lhe que são insuperáveis fotografias de conhecidos ou de ilustres personagens, recomendando conservá-las com todo o cuidado, e as identificar, não só durante o estado hipnótico, mas também quando desperto.

E o indivíduo ficará extasiado ante a semelhança dos retratos, descreverá a vivacidade do olhar, a meiguice do sorriso, a coloração dos cabelos, a elegância da vestimenta. Não só dirá isso durante o sono, mas também durante a vigília.

E se marcados, às escondidas e imperceptìvelmente, postos fora da ordem e misturados a outros retângulos iguais, o indivíduo não confundirá o de um com o de outro retrato, nem os retângulos recebidos inicialmente com os posteriormente acrescentados.

Só depois de longo decurso de tempo, verá, pouco a pouco, desmaiarem as imagens, e os retângulos voltarão a ser para ele o que realmente representam.

Se, a uma pessoa posta em estado de sonambulismo provocado, se faz crer que se cumpliciou em atroz delito e que deverá de tal sofrer as consequências, ela, mesmo depois de desperta, terá a convicção de haver tomado parte no fato. E se, por simulação, for levada a pretensos juízes, procurará desculpar-se do seu proceder, ou confessará o que julga haver feito, conformando-se em arcar com as consequências da sua suposta ação criminosa.

Se a um indivíduo hipnotizado, em estado de sonambulismo, se ordene executar, em determinada época, depois de despertar, um ato, mesmo delituoso, obsceno, um furto, um discurso subversivo ou coisa parecida, algo danoso a ele próprio, qual uma doação, um testamento, a confissão de fictício delito, e assim por diante, no momento preestabelecido, o ato da sugestão será posto em prática, com aparência da maior espontaneidade, embora sem nenhum motivo plausível, e o seu executante tentará, por vários modos, justificar o ato com argumentos de evidente futilidade.

Durante o estado de sonambulismo provocado, sugira-se a um indivíduo olvidar, em determinada data, as circunstâncias de um acontecimento que presenciou ou no qual tomou parte, ou, quando não, que tenha, a respeito de um dado assunto, opinião diametralmente oposta àquela que sempre professou, e aduza, em sustentação do seu novo ponto de vista, todas as melhores razões possíveis e imagináveis. Se a sugestão for aceita, a memória do indivíduo, chegada a época, apresentará a lacuna sugerida; o seu intelecto, pelas novas imagens que a imaginação lhe apresenta, agirá de maneira surpreendentemente diversa daquela que lhe era habitual.

21) — Disse — **se a sugestão for aceita** — porque, quando esta fere certos assuntos delicados, o paciente, no mais das vezes, se bem que inconscientemente, procura repeli-la, pelo horror quase instintivo que certas propostas inspiram à sua imaginação, ainda que enferma. Em tal caso, a sugestão fica sem efeito, ou, quando muito, só é executada em parte.

Se, no estado sonambúlico provocado, a sugestão parte de sonhos que o paciente teve quando dormia, o cumprimento da sugestão pode ter aspecto de presciência, mas, em realidade, não se trata de tal, e sim exclusivamente da concretização individual, a determinado prazo, de uma sugestão que o paciente recebeu, em sonho, da sua própria imaginação, realizada durante o estado hipnótico.

Assim, a jovem de quem Lombroso narra que, sob a crise do mal, previa os acessos que teria, decorridos 15 dias, indicando os meios que poderiam interrompê-los — não exercia, em realidade, a clarividência do futuro, e sim dava a ela mesma, em sonho, uma sugestão que, depois, em determinada época, teria adimplemento.

Nos indivíduos que, repetida e frequentemente, tenham sido submetidos a experiências de hipnotização e de sugestões, consegue-se bastantes vezes obter eficazes sugestões, mesmo em estado de vigília.

A imaginação do paciente não parece, então, criar mais imagens capazes de influir sobre a vontade do indivíduo, o qual acolhe, em vez de tal, todas as ficções que a outros apraz suscitar-lhe na mente. As sugestões que mais prevalecem, em tais condições, são principalmente aquelas que dizem com as ilusões sensoriais. Conta Gilles de la Tourette que, tendo encontrado, por acaso, uma histérica, que inúmeras vezes fora sugestionada a breves intervalos, a título de experiência disse-lhe, por mofa:

— «Olha, olha este senhor: tem o nariz medindo um palmo.»

A criatura, tomando por certa a dita afirmação, gritou, assustada:

— «Que horror! oh! o desgraçado! E' o primeiro que vejo assim!»

Ante o êxito obtido, Gilles de la Tourette prosseguiu sugerindo banalidades.

— «Por caridade, deixe-me em paz — exclamou afinal a paciente —, estou demasiado fatigada; hipnotizam-me todas as noites, e não sei mais o que fazer, nem o que diga a mim mesma. Acredito em tudo que me afirmam, faço tudo quanto querem, não sei mais onde esteja, não tenho mais energia alguma, nenhuma vontade, e me parece que fiquei louca!»

22) — Muito mais frequente do que pareça à primeira vista, há uma forma tênue de sugestão à qual estamos mais ou menos sujeitos, quase inscientemente: a imitação, o exemplo dos nossos semelhantes ou **sugestão comum**.

Fora das assim chamadas — personalidades salientes **(spicate)**, (que aliás têm alguns pontos de contacto com o resto do gênero humano do qual não se podem totalmente **salientar**), acontece que todos obedecem ao impulso imitativo, como que por uma espécie de fascínio que é exercitado à vista ou ao contacto de alguma pessoa cujo ascendente sugira o desejo de se lhe assemelhar, e do qual, passando da tendência individual para a coletiva, se originam os costumes, os usos, as modas e, em outro campo, os entusiasmos, os furores, o pânico.

Às vezes, sem nos apercebermos, sentimos invadida a nossa vontade, não tanto pelo valor de um argumento, mas pela força persuasiva de quem o expende, e, ainda que nos sentindo dependentes da vontade de outrem, não julgamos oportuno contrastar, oferecer oposição, resistência.

Ouso dizer que, quando exista entre médico e cliente íntimo elo de confiança e simpatia, os sofrimentos físicos poderão ter alívio pela força persuasiva de quem cura. Especialmente em determinadas enfermidades, e dentro de certos limites, podem ser obtidos resultados realmente estupefacientes.

Há psicopatias que reclamam, acima de tudo, um tratamento moral. Com estas, obtêm-se vantagens com o emprego de substâncias inertes, de cuja eficácia se consegue efeito pela ação sugestiva, realmente profícua.

Sabe-se que, embora não sempre, injetando água

pura em um morfinômano, e fazendo-o crer que lhe foi ministrado o perigoso medicamento por ele preferido, consegue-se provocar a calma, a sensação de bem-estar e de quietude, típicas da morfina.

A ação sugestiva pode, por vezes, manifestar a sua eficácia de maneira bastante rápida, e isto tanto mais fàcilmente naqueles que têm o elemento da cura na própria debilidade nervosa que deu causa à doença, e que são tanto mais fáceis de ceder à força da sugestão.

23) — Tem-se agitado muitas vezes a questão de saber se os animais podem ser sugestionados, hipnotizados, e se também neles é possível o fenômeno da mediunidade. Já mencionámos um caso que se poderia animosamente classificar de — **Espiritismo dos animais** —, narrando o episódio bíblico da burra de Balaão, que, percebendo um anjo no meio do seu caminho, se espanta e afinal ante ele se prosterna.

A Sociedade de Pesquisas Espiritistas de Filadélfia estuda atualmente a árdua questão da mediunidade nos animais, e um tal Dr. Hunter assegura haver conseguido, a propósito, resultados completamente satisfatórios e de os ter obtido na presença de testemunhas autorizadíssimas.

Quanto a isto, ele poderia ter conseguido magnetizar um cão, com o qual, depois de adormecido, obtivesse, com grande dificuldade, experiências de assombrar. O cão teria, por exemplo, aproximando-se de um dos presentes, e, seguindo exatamente o pensamento do magnetizador, tirado do bolso interno do casaco da pessoa designada, servindo-se da boca, uma recheada carteira, que esconderia depois num ângulo oculto do aposento. Ou, então, respondido a diversas perguntas a ele feitas, suprindo a falta de linguagem com pequenos golpes regularmente batidos sobre o chão, com uma das patas anteriores, e teria, finalmente, chegado a descobrir, com rara sagacidade, no meio de um baralho, a carta **pensada** por um dos presentes.

De tais experiências, quase incríveis, não faltam de resto testemunhos também do tempo antigo; e sobre animais domésticados e mais inteligentes se têm frequentemente feito tentativas semelhantes, se bem que com raros resultados felizes.

Allan Kardec, um dos corifeus do Espiritismo, afirma a existência de fatos que parece deporem em favor até da mediunidade dos animais.

Por enquanto, a impostura e a charlatanice concorrem ainda neste campo para desacreditar quanto possa haver de verdadeiro, ou pelo menos de possível.

E também concordamos que — charlatanismo à parte — não é ilógico supor que um ser animal, inteligente, possa, por especiais disposições e atitudes dos seus centros nervosos, tornar-se passível de alguma leve hipnose e sugestão, e, por outra parte, servir de meio de comunicação com aquelas ignotas potências a que chamamos — **Espíritos**, mesmo porque, para isto, servem até corpos inertes, cadeiras, mesas, os quais se movem, levitam, correm, falam uma sua linguagem convencional, respondendo a perguntas dos experimentadores.

CAPÍTULO III

Os fatos próprios do Espiritismo

SUMÁRIO: 1) — O médium e o teatro dos fenômenos espiritistas. 2) — A *cadeia*, as *mesas girantes* (*) e os *móveis semoventes*. 3) — A *dança das folhas*, com os faquires indianos. 4) — Aumento e diminuição de peso de vários objetos. 5) — A música. 6) — Fenômenos luminosos. 7) — Transformação de estatura e viagens de médium. 8 — Importunações, carícias e incivilidades. 9) — Conversações espiritistas; adivinhações dos faquires hindus. 10) — Escrita espiritista. 11) — Os Espíritos que falam. 12) — Materializações e reencarnações (incorporações). 13) — Aparição cotidiana bienal a William Crookes. 14) — As singulares trasladações pessoais instantâneas dos jovens Passini, de Ruvo. 15) — A vegetação acelerada dos faquires indianos. 16) — A Telepatia; narrações maravilhosas. 17) — Os fatos atribuídos ao Espiritismo subsistem realmente? Juízo de William Crookes. 18) — Resposta a uma observação.

1) — Para formar ideia suficientemente clara dos fenômenos básicos do Espiritismo, imaginemos assistir a um **entretenimento** oferecido por qualquer um dos mais denodados e estimados médiuns.

Homem ou mulher que seja, tem habitualmente belo

(*) Estudo erudito e completo sobre esta modalidade de comunicação com o Além-túmulo se encontra no livro — *As mesas girantes e o Espiritismo* — de Zêus Wantuil. Edição da Federação Espírita Brasileira. — *(Nota do Tradutor.)*

aspecto, insinuantes maneiras, trato gentil. Culto e inteligente, não tarda em cativar, com os seus modos corteses e corretos, a confiança dos que se lhe avizinham. Simples nas vestes, habitualmente acolhe visitantes em sua casa. O mais sagaz dos olhares não acerta descobrir, em qualquer parte da mesma, o menor indício de aparato cênico ou de preparativos. Faltam, no comum, tapeçarias; os móveis são da mais vulgar simplicidade.

Se, não obstante as aparências, se suspeita que as paredes, o soalho, os tetos, o mobiliário da casa escondem algum artifício, o médium se dispõe a acompanhar quem o convide, aonde mais agrade, deixando livre aos demais a escolha do recinto, do posto, das vestimentas, da posição, e mais que seja.

Seus trabalhos ele os executa, no mais das vezes, na penumbra, porém, se tal se deseja, não terá dificuldade em agir também à plena luz do Sol, ou na artificial de qualquer espécie.

Não descreveremos aqui uma sessão particular, mas resumiremos, na narrativa de tal entretenimento — ao qual, como se disse, imaginamos assistir —, os fenômenos que habitualmente são produzidos nas sessões bem sucedidas.

2) — O médium faz escolher pelos assistentes uma mesa, que cada um pode examinar à vontade, em todos os sentidos, e a coloca naquele ponto do recinto que mais agrade aos presentes. Depois, convida alguns dos assistentes a colocar as mãos em círculo sobre o móvel, de modo que o polegar da mão direita de cada um toque o da mão esquerda e o mínimo encoste no dedo mínimo de cada um dos vizinhos, da esquerda e da direita.

O médium toma lugar entre as demais pessoas, completando com suas mãos, assim, a **cadeia** que se forma, em torno, com as de todos colocadas sobre as barras da mesa. Silêncio de breves minutos de expectativa se faz entre os que assistem à experiência. Depois, a mesa range, move-se, inclina-se de um ou de outro dos vários lados, ergue-se um pouco do solo e afinal recai pesadamente no chão.

O médium informa que os Espíritos estão presentes: retirem-se as mãos da mesa; interrompa-se a **cadeia**; os Espíritos atenderam ao convite, podem agir por si.

Se a **cadeia** não se desfaz, os operadores deverão, emparelhados com a mesa, permanecer sob o poder dos Espíritos pelo tempo e modo que a estes apraza, como se formassem um só corpo com o próprio móvel.

Suponhamos que a **cadeia** foi interrompida. Eis que de diferentes pontos da mesa, posta à discrição dos Espíritos, se ouvem golpes secos, violentos, frequentes e repetidos. Mas, nesse mesmo tempo, a mesa, não tocada por nenhum dos presentes, agita-se, meneia, sacode-se, ergue-se do chão e gira, ora lentamente, ora com vertiginosa rapidez, sobre seu eixo, primeiramente à direita, por alguns minutos, e depois à esquerda, por igual tempo; transporta-se de um para outro ponto do aposento e se balança, ora sobre um, ora sobre outro dos seus pés. Em seguida, sùbitamente, sem ajuda de ninguém, regressa ao seu lugar e se detém como que exausta do grande labor realizado.

Entretanto, também se movimentam outros objetos do recinto: os banquinhos se elevam por si mesmos, quase grimpando por cima das pessoas; as poltronas chiam gravemente sobre o pavimento e se curvam, quase se inclinando às senhoras da reunião, quando as haja presentes; as cadeiras dançam e saltitam, mudando de lugar, curvando-se em uma ou outra parte, ou apoiando-se ùnicamente em um dos seus pés, oblìquamente, sem cair, isto contra todas as leis do equilíbrio.

As porcelanas e cristais, os candelabros de ornamento, os consolos e as mesinhas da sala iniciam esquisita dança circular; movimentam-se, chocam-se, misturam-se, com extraordinário ruído, sem se quebrarem, ou de algum modo se avariarem, e se os móveis, sobre os quais se acham, se inclinam fortemente para um lado, ou se reviram para cima, tais objetos não se desviam dos seus lugares, permanecem como se estivessem parafusados nos móveis.

Uma pêndula abandona o seu posto para cair no colo de uma espantada senhora; um vaso de bronze se movimenta em várias direções, sem provocar danos ou ruturas nas louças e cristais que estavam colocados na mesa, como que para correr em perseguição de determinada pessoa que tivesse em mira.

Os móveis mais pesados da sala, armários, gavetões, estalam, agitam-se, movimentam-se, mudando de lugar, levantam-se no ar, e alguns chegam igualmente a tocar o teto ou a este aderem durante um quarto de hora.

Entre as maravilhas espiritistas realizadas pelos faquires indianos, é comum a do **vaso animado**. Trata-se de um vaso cheio de água comum, que, posto em uma mesa, em pleno dia e na presença de todos, sùbitamente, a um aceno do faquir, movimenta-se espontâneamente sobre a mesma, oscila, pende para diferentes lados e afinal se eleva a alturas bastante sensíveis, sem que se derrame uma simples gota do seu conteúdo.

De tempo em tempo, das diversas partes dos móveis que andam, ouvem-se golpes mais ou menos violentos, como se fôssem socos, pontapés ou batidos a martelo.

As portas do aposento se abrem e fecham por si; os cadeados e ferrolhos, não movidos por alguém, secundam, quase com inteligente espontaneidade, a ação de abrir, ou reforçam a segurança do fechamento.

Os armários e as gavetas dos móveis, se bem que fechados à chave, segura e repetidamente, depois de poucos segundos se encontram de novo escancarados, sem o menor traço de violência ou de esforço. Os objetos ali guardados saem sòzinhos dos seus lugares, e para estes retornam, e, às vezes, passam de um armário ou de um gavetão para outros, embora todos perfeitamente fechados, sem que se possa dizer por onde saíram e por onde entraram.

Espontâneamente, as malas se movimentam, reviram-se, esvaziam-se, reenchem-se, reordenam-se e voltam aos seus lugares.

3) — Aos faquires hindus é familiar uma prática espiritista que se denomina — **dança das folhas**. Convidado para tal fim, a ir a uma casa, o faquir ali se apresenta, inteiramente nu ou coberto apenas, em respeito ao pudor, com um pedaço de tecido, na parte inferior do abdômen, tendo na mão o seu bastão de bambu.

Depois dos salamaleques de uso, toma lugar, assumindo atitude de inspirado e murmurando incompreensíveis palavras mágicas. Em seguida, enfia, pela parte mediana, um certo número de folhas de figueira ou de outra planta em outros tantos bastõezinhos de bambu, fixados verticalmente na terra, em vasos de flores.

Se se deseja, ele não toca em nenhum desses acessórios.

Quando tudo está preparado, senta-se no chão, com as mãos estendidas para a frente, numa distância que um adulto pode, sem embaraço, passar cômodamente entre os objetos e o faquir.

Decorridos alguns instantes, os espectadores percebem uma espécie de brisa que lhes acaricia o rosto, e as folhas bem depressa começam a descer e a subir, com maior ou menor rapidez, ao longo dos bastõezinhos que as atravessam.

Tudo isto ocorre sem qualquer contacto visível entre o operador e os objetos que servem para tal trabalho.

4) — Mas, regressemos para junto do nosso médium. Enquanto se verificam as maravilhas acima des-

critas, alguns dos objetos do recinto perdem grande parte do seu peso, de modo que, apesar de volumosos e sobrecarregados de outros objetos, um menino os pode transferir de um para outro local, como se fôssem feitos de plumas. Outros, ao contrário, embora pequeníssimos, adquirem enorme e indizível peso, a ponto de, sendo anteriormente conduzíveis fàcilmente por uma criança, em condições normais, agora, dois ou três homens robustos não conseguem erguê-los do solo mais do que alguns centímetros. Esta mudança do peso próprio dos diversos corpos é transitória, e permanece apenas pelo tempo que apraz aos misteriosos entes que a produzem.

Outros objetos mudam de temperatura de um momento para outro, sem aparente motivo, e, de frios, se tornam escaldantes, e, de quentes, frigidíssimos.

5) — Tornando mais variado o espetáculo, não raro há música. Se existe no local um instrumento harmonioso, este soará, sem ser tocado por alguém. Se se trata de piano ou harmônio, ver-se-ão, quando muito, as teclas se moverem por si mesmas, em correspondência com as notas musicais ouvidas, sem que se aperceba diminuída a força que as movimenta.

Se não há instrumento no recinto, no prédio, no bairro, isso não impede que se possa ouvir música: invisíveis instrumentos soarão, vizinhos ou distantes, ao arbítrio do médium. À sua vontade, a música será séria ou frívola, alegre ou triste, suave ou violenta, clássica ou futurista; ressoará nc ar, virá da parede, descerá do teto, surgirá do pavimento do local, sairá de qualquer estátua de mármore ou de dentro de uma caixa, que, aberta mesmo durante a execução da música, continuará sem dúvida sonora, mas inteiramente vazia.

Na provocação deste prodígio espiritista, dizem os viajantes que os faquires indianos não têm rivais.

6) — Mas, sùbitamente, cessa a música; em meio

ao ensurdecedor estrondo de um trovão, estremecem as paredes e o teto do recinto, e o pavimento ondula, como que sob a ação de um terremoto, e impetuoso vento invade a sala, enquanto que, fora, o ar se encontra na quietude mais perfeita. As luzes se apagam, e tudo imerge em profunda escuridão.

Isto, porém, não dura muito, pois, logo, chamazinhas circulares, de singular e vária coloração, percorrem o recinto, em direções diversas, para darem lugar, finalmente, a homogênea luz, ora viva e deslumbrante, ora plácida e amortecida, ora contínua, ora intermitente, e que parece autogerada, pois que não deriva de qualquer aparelho gerador.

7) — No entanto, com o maior assombro dos presentes, a pessoa do médium aparece, de súbito, singularmente agigantada, ou se torna extremamente diminuída — tudo isso sem dissonância das proporções. A mudança de estatura apontada persiste até que todos tenham tido maneira e tempo de a constatar, apalpando-a e medindo-a.

Regressando às suas naturais dimensões, depois das alternativas várias, do gigantismo e do nanismo, o médium, sentado em uma cadeira ou mesa, se vê levitado, lentamente, e chegar com a cabeça até quase ao teto; do aposento, a qual se abre, espontâneamente, ante ele, luminosa auréola lhe circunda apenas a cabeça, ou todo o corpo; assim permanece equilibrado no ar, sobre a cadeira ou mesa, pelo espaço aproximado de oito ou dez minutos, e, depois, com lentidão ou violência, é trazido, com o móvel que o suporta, rumo de uma das janelas que a transpõe, gira no ar pelo exterior, e regressa em seguida, à vista de todos, por outra janela do apartamento, a qual, por sua vez, também se escancara, por si mesma, para proporcionar a entrada.

O fato se repete mais de uma vez, variadamente modificado nas particularidades.

8) — Enquanto o espectador admira estupefato estes portentos, reacendem-se, espontâneamente, as luzes que, também espontâneamente, se haviam apagado, e um sopro, frio ou cálido, cada um sente sobre esta ou aquela parte do corpo: uma espécie de aragem penetra pelas aberturas das vestes; infla ora as mangas, ora os bolsos dos casacos, ora a perna das calças, e parece querer invadir toda a pessoa.

Entrementes, invisíveis mãos desabotoam, sacodem, levantam, com insistente petulância, as vestes das diversas pessoas, e a um tiram para fora o relógio, a outro o lenço, a um terceiro o livrinho de anotações. E estes diferentes objetos depois se encontram no regaço ou nos bolsos de outros espectadores, distantes daqueles dos quais foram retirados.

Outras invisíveis mãos apertam, simultâneamente, as mãos de outros, palpam os braços, as costas, as pernas, os joelhos; a estes fazem uma carícia, àqueles puxam a barba, os bigodes ou os cabelos; ainda a outros atiram o chapéu no chão, aplicam tapas, sujam o rosto, as mãos, a vestimenta, com matérias corantes ou sujidades de toda espécie.

Bocas invisíveis pespegam beijos, que deixam marca na parte osculada. A impressão que se tem, de tais beijos, ora é agradável, ora molesta, ora nauseante e ascorosa.

No regaço daqueles aos quais os misteriosos fazedores de tantas maravilhas dedicam especial simpatia, improvisadamente caem raminhos de flores, caixinhas de doces e dádivas de outra espécie e ignota proveniência.

Alguns delicados trabalhos mecânicos, que estavam apenas começados, se encontram, de pronto, inteiramente concluídos.

9) — Entre os espectadores está quem solicita ao

médium que ponha termo a tanto tumulto, e procure antes encetar alguma conversação com os Espíritos.

O médium é bastante cortês para não deixar de aderir aos desejos do solicitante.

A um seu convite, a balbúrdia cessa, e a pequena mesa, a ser designada por um dos presentes, será o instrumento de comunicação entre a assembleia dos viventes e o exército de Espíritos acorrentes à reunião.

O médium convida o Espírito, com quem se deseja falar, a que se aproxime e anime a mesa designada. O Espírito parece obedecer, pois que a mesa se agita como se se tornasse viva. O Espírito responderá, às perguntas que lhe forem feitas, com pequenos golpes secos, os quais, segundo o número, indicarão afirmação ou negativa, ou ainda com a colocação ordinal das diversas letras do alfabeto.

Assim se inicia e prossegue a conversação, obtendo-se respostas adequadas às mais estranhas e árduas questões propostas ao Espírito que se presume palestrar com os viventes.

E, por esse modo, pode-se chegar ao conhecimento de coisas ocultas, de acontecimentos distantes, de particulares circunstâncias, de ocorrências misteriosas, seguir o rasto de pessoas desaparecidas, de objetos furtados ou de coisas extraviadas; obter, algumas raras vezes, o exato diagnóstico de moléstias internas e indecifráveis, e adquirir o conhecimento dos meios aptos à cura.

Dizem os faquires indianos agir por meio dos Espíritos, na experiência divinatória que estes realizam, nas seguintes condições: um europeu chama à sua residência o faquir do templo vizinho, e, pensando em frase de escritor que lhe é predileto, num provérbio no dialeto do seu país, num verso de Homero ou de Vergílio — convida o faquir a reproduzi-lo por escrito.

O faquir espalha terra fina sobre uma mesa ou sobre

uma superfície lisa, em tênue camada, e coloca em cima um pequeno bastãozinho de bambu.

Nu, como se encontra habitualmente, senta-se, à moda do Oriente, pouco distante, imóvel, com o corpo curvado para a frente e as mãos estendidas no rumo da areia ou terra fina. Depois de alguns minutos de espera, para maravilha de todos o bastãozinho se ergue sobre uma das suas extremidades, move-se e excursiona sòzinho sobre a areia, em várias direções.

Quando, finalmente, se detém, cada um pode ler na areia a frase, o provérbio, o verso clássico pensado pelo europeu.

Em uma destas experiências, Jacolliot obteve, certa vez, o nome de um seu amigo falecido alguns anos antes.

Se, por acaso, o médium, junto do qual supomos estar, pertence à categoria dos pitonisantes, os Espíritos falarão, por sua boca, sobre quaisquer assuntos que se deseje, os mais abstrusos, em qualquer dos mais difíceis idiomas, antigos ou modernos, embora desconhecidos do médium que opera.

No caso de ser o médium dos chamados — videntes, sempre se poderá saber dos Espíritos, por seu intermédio, com o auxílio de visões que se apresentam aos seus olhos, o que aconteceu em remotas épocas, que fatos se realizam ou se consumaram em recônditos lugares, ou que acontecimentos se verificam no momento mesmo da experiência, em países distantes, a centenas e milhares de quilômetros, sucessos que, depois de acurado exame e controle, resultam referidos e descritos com exatidão.

10) — A um que outro assistente agrada obter respostas escritas aos pedidos endereçados aos Espíritos complacentes. Não é difícil ver de pronto satisfeitos esses desejos; e se o médium, ou uma das pessoas presentes, pegar uma pena ou lápis e preparar-se, com uma folha de papel, como que para escrever, dentro em pouco os

espectadores verão a mão agitar-se convulsivamente e depois escrever, com vertiginosa celeridade, palavras e mais palavras, que conterão respostas adequadas aos quesitos formulados e discussões mais ou menos judiciosas, na ordem dos diferentes assuntos propostos.

Não importa que o médium, ou quem em sua falta se incumba de substituí-lo, seja iletrado: escreverá de igual modo. Mesmo assim, escreverá corrente e corretamente, mesmo em idioma desconhecido, sobre assuntos dos quais não conheça nem os mais elementares rudimentos, e com caracteres caligráficos totalmente diversos uns dos outros, segundo diferentes sejam os Espíritos cujas respostas foram ditadas. Se estes pretendem ser de pessoas mortas, conhecidas, com extrema surpresa ver-se-á que a letra assim obtida reproduz, frequentemente, traços identificadores.

Quando se tema que semelhante modo de correspondência possa dar ensejo a alguma impostura, pode-se convidar o Espírito a escrever diretamente, ele próprio, as respostas às perguntas renovadas. E o Espírito anuirá a este mais do que inocente e legítimo desejo dos espectadores.

Um lápis, ligado por um fio a um cesto sob o qual seja colocada uma folha de papel, ou ligado ao pé de uma mesa sobre a qual exista o necessário para escrever, — será visto, em movimento, exarar as desejadas respostas; mas, também na ausência de lápis, pena e tinteiro, serão escritas as respostas no papel.

Para tornar mais autêntica a proveniência do escrito, este, às vezes, é obtido em singularíssimas condições: encerra-se uma folha de papel dentro da gaveta de uma escrivaninha, à escolha dos presentes, ou se coloca a folha entre duas placas de ardósia, ou de mármore branco, ou ainda de placas de vidro, e, em poucos segundos, à vista de todos, essa folha se enche de uma escrita que dá precisamente as desejadas respostas, embora não apareça nem a mão, nem o lápis, nem a pena que escreveu as letras obtidas em tão estranhas condições.

Caso se deseje, os escritos podem ser obtidos em hebraico, grego, latim, árabe, francês, inglês, alemão, italiano, espanhol, português, ou em outro idioma.

Com aqueles que cultivam fielmente o Espiritismo, os Espíritos algumas vezes tomam singulares liberdades, que relataremos.

O espiritista escreve familiar missiva a determinado amigo, sobre alguns assuntos particulares. Em meio à carta, a mão se rebela a escrever o que está no pensamento do missivista, e, ao invés, traça ràpidamente uma sequência de palavras, primeiro mais ou menos desconexas, depois com sentido bastante diferente daquele que corresponde aos conceitos de quem está escrevendo.

Entrementes, um outro espiritista, distante, que redige uma outra missiva privada, passa pelo mesmo fenômeno.

Confrontados em seguida os dois escritos involuntários, verifica-se que eles se completam, alternadamente, constituindo uma carta ou um discurso bem coligido e em perfeita forma.

Outras vezes, o espiritista começa a escrever a sua correspondência particular. Afasta-se da mesa por alguns segundos, para consultar um livro, verificar uma data, confrontar uma notícia, e, regressando ao lugar, surpreende-se ao ver terminada a carta, ou com letra igual à sua, ou com outra diferente, ora seguindo o fio das suas ideias, ora escrevendo alguma coisa de índole bem diversa, ou alguma facécia mais ou menos correta, mais ou menos grosseira.

Decorridos alguns dias, ao espiritista chegam, por via postal, cartas, regularmente seladas, escritas com a mesma caligrafia e a mesma tinta, mencionando, além do nome de quem escreveu (talvez morto desde há algum meio século), o lugar onde existe em depósito algum ignorado original, escrito em vida, e pedindo confronto para verificar a igualdade da caligrafia. E, para suma surpresa, tudo corresponde pontualmente às indicações dadas de tal maneira.

11) — Obtidos os escritos, quantos assistem às sessões espiritistas frequentemente pedem para ouvir a voz daqueles com quem até então se corresponderam. E essas vozes não tardam em se fazer sentir, saindo ora das paredes, ora do teto, ora do pavimento, ora deste ou daquele móvel do aposento, ora do meio do vazio da própria sala. E essas vozes ora falam em estilo familiar, ora declamam em tom de oratória, ora cantam diversas melodias. Às vezes, depois, os Espíritos se comprazem em contrafazer a voz e o modo de discorrer de algum dos presentes, ou em parafrasear, em execrandas blasfêmias, as preces que algum dos assistentes possa ter desejo de recitar.

Qualquer que seja o meio de comunicação com o qual os Espíritos se entendem com os viventes, acontece, com frequência, que, a certa altura, as respostas venham incoerentes, absurdas, desengraçadas, obscenas, contraditórias, mentirosas, impertinentes.

Segundo o médium, o caso resulta de que outros Espíritos se misturam com os evocados, ou do fato de um Espírito enganador assumir a personalidade daqueles com os quais se pretenda falar, ou, enfim, de que o Espírito evocado se haja ofendido com alguma interrogação ou com qualquer resposta dada, ou coisa semelhante.

12) — Para tornar plena a estupefação de quem assiste a uma sessão de Espiritismo, resta apenas uma coisa: ver, tocar nos Espíritos com os quais se fala, obter, em uma palavra, a sua **materialização**.

A materialização dos Espíritos, que, em algumas das

suas formas, também se denomina — **reencarnação** (*), foi o último dos fatos que os médiuns chegaram a conseguir. Esta, porém, nem sempre é completa, isto é, total da pessoa, e então se produz, no mais das vezes, sem solicitação do médium, e não raro contra a vontade deste e dos espectadores.

Em meio de uma sessão, imprevistamente e fora de qualquer propósito, aparecem pelo ar, sobre as mesas, cadeiras e entre os diferentes móveis, partes de braços, de mãos, de pernas e de pés, ora pequeninos, ora mastodônticos, ora delicados, ora grosseiros, ora carnudos, ora descarnados, ora brancos, ora fuliginosos, ora lisos, ora ásperos, híspidos. São partes de braços, mãos, pernas, pés, que têm vida, movimento e força poderosíssima. Esses membros, no contacto, ora são frios, idênticos aos de um cadáver, ora palpitantes como se fôssem de pessoa viva e sã, ora afogueados tanto quanto os de alguém presa de violentíssima febre. Quem deseja experimentar o vigor daquelas terá fàcilmente, conforme o acontecido com muitos outros, apertos tenacíssimos e dolorosos, que deixam, por largos dias, marcas indeléveis.

Em uma das experiências realizadas por William Crookes sobre os fenômenos espiritistas, uma dessas mãos desprendeu de uma planta existente na sala, à plena luz solar e na presença de várias testemunhas inteligentes e precavidas, uma flor de longa haste, e, depois, a fêz passar, lentamente, através de uma fenda, quase imperceptível, de uma grande mesa de carvalho, sem que se pudesse, depois, nem a olho nu, nem com microscópio, encontrar a mais mínima laceração no talo ou nas pétalas da flor, quando, na realidade, a haste e as pétalas excediam, no mínimo, dez ou doze vezes a dimensão da fenda da mesa.

(*) A palavra "reencarnação", não a usam os espiritistas nessa acepção. — *(Nota do Tradutor.)*

A **materialização** completa, ou seja, de toda a pessoa, por certos médiuns e por poucos escolhidos que por acaso se possam encontrar em sua companhia, obtém-se, às vezes, mesmo quando não solicitada.

Hippolyte Léon Denizard Rivail, mais conhecido sob o pseudônimo de **Allan Kardec**, refere que, achando-se certa noite num teatro de Paris, em companhia de poderoso médium vidente, observara, ele próprio, entre os espectadores, muitíssimos Espíritos materializados, dos quais não poucos denotavam escutar curiosamente as palestras dos espectadores vivos que tinham a seu lado. Outros muitos se encontravam no palco cênico, entre os artistas, aos quais pareciam inspirar vigor maior na ação, ou grotescamente lhes arremedavam o caminhar e os movimentos.

Nas experiências espiritistas, a materialização completa não se observa quase nunca, salvo a pedido dos assistentes. O Espírito invocado se apresenta, então, ou em forma vaporosa e diáfana, de contornos esfumados, ou em forma nítida, bem conformada, tangível. O aspecto, o semblante e as vestes são aqueles que a História, a tradição, a opinião comum ou a lembrança dos conhecidos atribuem à personalidade que os teve durante a vida. Um que outro Espírito, assim materializado, é de fisionomia suave e boa, e, alguma vez, tem igualmente a cabeça como que cingida por luminosa auréola e asas no dorso. Outras vezes, ao contrário, é de aspecto feroz, selvagem, brutal.

Em regra, os Espíritos materializados se envolvem em longos mantos, de maneira que a cabeça e o tronco são as partes que se vêem mais nìtidamente reproduzidas. No caminhar, mais parecem deslizar do que andando a passos; por vezes, todas as partes da pessoa são reproduzidas de modo a serem perfeitamente iguais às de uma pessoa viva. Então, os Espíritos se movimentam à semelhança de outros seres humanos ainda viventes.

Quando assumem a materialização tangível, permitem serem tocados, abraçados, acariciados, deixam que se lhes apertem as mãos, que todos sentem vivas e quentes, cantam em voz alta, sentam-se a uma escrivaninha, dão respostas por escrito a quem os consulta, consentem que lhes cortem as pontas das vestes e mechas de cabelos, que os espectadores podem conservar em caixas, ao passo que, súbito, tudo se reconstitui no corpo da sua misteriosa pessoa. Não raro, a complacência deles vai ao extremo de se deixarem fotografar, ou à luz natural ou à do magnésio, ou, desejando-se, igualmente às escuras.

Raramente o fantasma se apresenta belo e formado no meio da assembleia; no mais das vezes, desenvolve-se sob o olhar dos presentes, em cujo meio, ou no ponto da sala que se desejar, aparece primeiramente uma nuvenzinha luminosa em cujo centro se apresenta, dentro em pouco, um núcleo opaco, que, em breves instantes, se torna sempre mais consistente. Deste núcleo, tornado sólido, insensìvelmente se desenvolvem a cabeça, depois o colo, o tórax, os braços e, depois, o resto da pessoa. Os contornos, vaporosos a princípio, acentuam-se cada vez mais, e, por fim, se tem ante os olhos uma criatura idêntica às outras, a qual se comunica, fala, palestra com os presentes e, quando lhe apraz, eclipsa-se da vista de todos.

Ao desaparecer, observam-se diferentes fenômenos, pois que ora o fantasma se desfaz na nuvem de onde se originou, ora se dissipa de golpe, sem que se possa dizer de que maneira; ora se esvai, pouco a pouco, ou reentra no pavimento, enquanto alguns dos espectadores o têm ainda seguro pela mão.

13) — Entre as mais célebres e completas mate-

rializações tangíveis, merece especial menção a que é referida pelo famoso sábio William Crookes. Durante dois ou três anos consecutivos, mediante influência de médium poderosíssima, a Srta. Cook, ele teve a aparição cotidiana de mui gentil donzela, mansueta e familiar, que se dizia hindu, usava vestimentas alvíssimas, e sempre trazia um turbante na cabeça.

Esta também surgia de entre uma nuvenzinha, que se formava no meio da sala destinada à experiência. No centro dessa nuvenzinha, desenvolviam-se linhas e contornos que se adensavam, animavam, coloriam, até que o rosto sorria, os olhos cintilavam, os pulmões respiravam e o coração pulsava.

Para assegurar-se de que a personalidade desse ser tão singular era bem diversa da de sua médium, Crookes tomou notas das diferenças das duas estaturas, do desigual penteado dos cabelos e sua dissimilhante coloração, da forma discrepante e grosseira das mãos, de como diferia a cor da pele e, finalmente, da existência de uma cicatriz no pescoço da médium, enquanto que tal marca não se notava no da aparição.

Para certificar-se, pois, de que esta aparição possuía real personalidade, Crookes tirou-lhe, mais de uma vez, a fotografia, auscultou-lhe o tórax, contou-lhe os movimentos respiratórios, as pulsações do coração e tomou-lhe a temperatura com o termômetro. Pôde também, com prévia aquiescência dela, abraçá-la, assegurando-se assim de que aquele corpo era vivo, com carne e osso.

Durante o dia, entretinha-se a aparição em palestrar com a Sra. Crookes, tratava familiarmente com os serviçais, entretinha-se com as crianças da casa. E, interpelada a propósito, declarava sentir todas as necessidades e desejos de qualquer pessoa viva. Mas, avizinhando-se a noite, toda vez que lhe aprouvesse, a misteriosa jovem se dissipava, à vista de todos, sem que se pudesse dizer aonde tivesse ido ou de que modo se sumira (*).

Certo dia, afinal, declarou a Crookes e à família que a sua missão junto deles terminara. E, enquanto Crookes se voltava para suster a médium que, pelo pesar de perder para sempre a companheira materializada, estava para cair em delíquio, a donzela hindu desapareceu, e não se fêz mais ver.

14) — Em fins de 1905, alguns jornais idôneos, da Itália (60), divulgaram, talvez com alguma indecisão de datas e detalhes, certos maravilhosos fatos que parecem ter muita afinidade com o assunto em exame.

Estes fatos não podem ser muito ligeiramente negados, por terem em seu apoio os testemunhos de Monsenhor Berardi Pasquali, bispo de Ruvo e Bitonto, do Arcebispo Júlio Vaccaro, de Bari, do Arcediácono Vallarelli, de Terlizzi, do Cav. Carmarino, questor, e de Mellusi, delegado de Bari, do Dr. Rafael Cotugno, médico de Ruvo, do pastor valdense Vito Garretti, de um redator do jornal «Corriere delle Puglie», de outras consideráveis testemunhas, minuciosamente por estes interrogados, e de outras respeitáveis pessoas por nós particularmente interpeladas a tal respeito.

Cremos importante referir alguns destes sigulares acontecimentos, quando mais não seja, a título de crônica. Dizem eles respeito aos rapazes Pansini, em casa dos quais se verificaram, desde 1901, acontecimentos estranhos e inexplicáveis.

Certa noite, o menino Alfredo, então contando cerca de sete anos de idade, depois de ter por alguns dias presenciado sessões espiritistas, foi acometido de impre-

---

(*) O Espírito se apresentava com um corpo fluídico, qual um agênere. — *(Nota do Tradutor.)*

(60) "Giornale d'Italia", Roma, 16, 24 e 26-11-1905; "Corriere delle Puglie", Bari, 10, 15, 21, 25 de Nov. e 1-12-1905.

vista sonolência, que depois se repetiu mais vezes. Durante algumas dessas crises, Alfredo falava com insólita voz, qual verdadeiro orador, usando, por vezes, idiomas que em verdade desconhecia: francês, latim, grego, chegando até a recitar maravilhosamente cantos da «Divina Comédia», de Dante.

Em outra noite, durante um dos seus acessos, Alfredo promete que mais tarde teria preparada uma boa ceia. E, com efeito, depois de aparelhada a mesa para a família, num prato se encontrou salame e «provola» (queijo fresco de búfala) em porção maior de meio quilo. O leito de Alfredo apareceu igualmente cheio de confeitos.

Encerrado, a conselho de Monsenhor Berardi, no Seminário de Bitonto, ali passou algum tempo perfeitamente tranquilo; mas, ainda então, apresentou um fenômeno singular. Quando era olhado por alguém, que dele desejasse saber alguma coisa, formulando mentalmente a pergunta, ele, escrevendo inconscientemente, dava uma resposta.

Convidado certo dia para uma sessão espiritista, à qual assistiam três dos seus professores, aquiesceu, porém de má vontade.

Sobre uma mesa foi posto um triângulo de papelão para assinalar as letras do alfabeto. Iniciada a sessão, eis o diálogo que se travou:

— Quereis responder?

— Sim, mas o triângulo deve ser de madeira.

— Não o temos.

— Eu já o fabriquei, e encontrá-lo-eis na cozinha, dentro de uma frigideira de barro.

E, efetivamente, assim se achou um triângulo de madeira, trabalhado com rara precisão; nos ângulos tinha pregos nìtidamente cortados ao meio.

— Onde o fabricastes?

— Em Bari. — E indicou a rua e a habitação onde, com efeito, existe a oficina de um marceneiro.

Por cerca dos dez anos de idade, regressou do Seminário à família, e, então, novos fenômenos sobrevieram, aos quais esteve sujeito não só Alfredo, mas também seu irmãozinho Paulo, de oito anos de idade.

Os meninos se encontravam, um dia, em Ruvo, às nove horas da manhã e, às nove horas e cinquenta minutos, sem saber como nem porquê, estavam em Molfetta, diante do convento dos Capuchinhos.

De outra vez, a família Pansini, ao sentar-se à mesa para comer, às 12,30, mandou que o pequeno Paulo fôsse à adega buscar o vinho. O menino foi esperado por boa meia hora, sem regressar, e, ao término desses trinta minutos, também Alfredo desapareceu. À uma hora, ambos se encontravam em uma barca, perto de Barletta, em direção a Trinitápolis. Os meninos começaram a chorar, e, então, o barqueiro, que dizia ter sido pago por um desconhecido, retornando à praia, aí os deixou. Encontrados por um caleceiro, que os conhecia, foram levados para Ruvo, onde chegaram às três e trinta minutos do mesmo dia.

Depois disso, instantânea e inexplicàvelmente, e por várias vezes, os meninos foram transportados, sucessivamente, para Bisceglie, Siavinazzo, Mariotta, Terlizzi, de onde regressavam para Ruvo, por intermédio de amigos da família, ou pela intervenção das autoridades públicas.

Em outra oportunidade, os dois meninos estacionavam na praça de Ruvo, à uma hora e trinta e cinco minutos. À uma e quarenta e cinco minutos, ou seja, dez minutos após, foram transportados a Trani, para a porta da casa de um tio, Jerônimo Maggiore. Entrando, ali, em estado de hipnose, e interrogado, Alfredo respondeu, para maravilha de todos, a muitas e difíceis questões. Entre outras coisas, anunciou que não poderia partir no dia seguinte, e sim quinze dias depois.

Na manhã subsequente, o cavalo de Maggiore estava doente, e, por isso, o tio alugou uma caleça para reconduzir a Ruvo os sobrinhos; mas estes, tão logo haviam sido entregues aos pais, desapareceram de novo e novamente surgiram em Trani.

Fazendo-os voltar a Ruvo, sumiram mais uma vez e apareceram em Bisceglie, de onde, convencidos de lutar em vão contra forças superiores, foram levados para Trani, a fim de lá aguardarem o preanunciado prazo de quinze dias.

Preocupada com esses acontecimentos, a genitora dos meninos foi, com eles, à presença de Monsenhor Berardi, pedindo-lhe que recebesse Alfredo no Seminário.

Enquanto a mulher e o bispo falavam, voltaram-se para chamar o citado menor, mas os dois meninos haviam, nova e inexplicàvelmente, desaparecido.

A súmula da maior parte destes fenômenos me foi confirmada por um Relatório do próprio Alfredo Pansini, favorecido pela cortesia de Monsenhor Berardi, a quem me confesso, por isso, altamente agradecido.

Desnecessário é pôr em relevo que, no caso dos irmãos Pansini, o acontecimento mais surpreendente e inexplicável é a instantânea, ou, quando menos, rapidíssima transladação dos dois meninos a distância de alguns quilômetros.

Eugênio Checchi, diretor do «Fanfulla della Domênica», narra (30 de Outubro de 1892) que um rapaz, de 15 anos de idade, quase iletrado, extraordinário médium nato, obteve de um Espírito, que se qualificou contemporâneo de Dante, uma nova interpretação do verso — «Poscia, più che il dolor, potè il digiuno» (Inferno. XXXIII, 75).

Checchi estava presente à sessão, e refere que a interpretação do Espírito foi esta: «a dor, que por mais tempo o susteve (ao Conde Ugolino) contra os assaltos da morte, foi afinal domada pelo jejum; a dor o nutriu». Parece a Checchi que esta interpretação seja rica de maior beleza e tenha mais força que as outras interpretações dos comentadores (61).

15) — Entre as admiráveis realizações que os faquires hindus conseguem e atribuem aos Espíritos, vale recordar o aceleramento da vegetação.

Jacolliot (62) assim narra o que viu executar, em pleno dia, por um faquir, que, por acaso, encontrou perto de Benares:

«Julguei surpreendê-lo fortemente — diz ele —, quando, à sua chegada, lhe manifestei o desejo de ver o milagre da imediata germinação e do pronto desenvolvimento de um vegetal.

— «Estou às tuas ordens — respondeu ele, com perfeita simplicidade.

«Fiquei um tanto desconcertado com essa segurança, mas logo lhe retruquei:

— «Deixas-me escolher a terra, o vaso e a semente que pretendes fazer germinar sob meu olhar?

— «O vaso e a semente sim, mas a terra deve ser retirada de um formigueiro de «cariás», e finamente triturada.

«Incumbi meu criado de conseguir a indicada terra, prepará-la conforme o faquir expressara, trazer um vaso para flores e um punhado de sementes de diversas espécies.

«Em menos de quinze minutos o meu empregado estava de regresso, conduzindo todas as coisas pedidas.

---

(61) *J. Fumagalli* — "Chi l'ha detto?", edição Hoepli, Milão, 1895, pág. 373.

(62) *Jacolliot* — "Spiritisme dans le Monde", Paris, Liv. Intern., 1879.

Tomei-as de suas mãos, e depois o despedi, não querendo deixá-lo comunicar-se com o faquir.

«Recebendo de mim a terra, e pondo-a no vaso, o faquir a molhou, vagarosamente, com um pouco de água, recitando não sei quais das suas orações. Depois, pediu que lhe entregasse a semente por mim preferida, e alguns metros de qualquer tecido. Peguei ao acaso uma semente de mamoeiro e pedi permissão para marcá-la. Recebendo resposta afirmativa, talhei ao de leve a película da semente e lha entreguei, com alguns metros de musselina branca.

— «Agora vou adormecer o sono dos Espíritos — disse-me o faquir. — Jura-me que não tocarás nem na minha pessoa, nem no vaso já preparado.

«Prometi quanto me era solicitado. Ele plantou, então, a semente na terra que, com a água, havia reduzido à condição de lodo; depois, fixando, erguido próximo da borda do vaso, o seu bastão, estendeu por cima a musselina que eu lhe havia dado e com ela cobriu inteiramente o vaso.

«A seguir, curvou o corpo para a frente, estendeu horizontalmente os braços por cima de quanto havia aparelhado, e, pouco a pouco, caiu em completo estado de catalepsia.

«Passou além de duas horas nessa atitude, sem que o menor movimento ou sobressalto muscular revelasse estar ele vivo. Completamente nu, com o corpo luzidio e enegrecido pelo Sol, olhos abertos e fixos, o faquir semelhava uma estátua de bronze em atitude de mística evocação.

«Entretanto, eu não o havia, nem um só momento, perdido de vista.

«Depois de duas longas horas de espera, enquanto o Sol começava a tocar de leve o horizonte, o faquir emitiu ligeiro suspiro e regressou à vida. Fêz-me sinal para que me aproximasse, e, tirando a musselina que cobria o vaso, mostrou-me, fresca e verde, uma recente plantinha de mamoeiro, medindo cerca de vinte centímetros de altura.

«Como que adivinhando a minha dúvida, o faquir tirou da terra, que se tornara então quase enxuta, a tenra plantinha, e, sobre uma das duas películas que ainda aderiam à raiz, mostrou-me intacta a marca que, duas horas antes, eu fizera na casca da semente.

«Nenhuma substituição lhe teria sido possível praticar, pois estava inteiramente nu; porque não podia ter sabido qual, entre as muitas, a semente que eu escolheria; porque eu, não o perdendo de vista, não me apercebi de coisa alguma que semelhasse substituição.

«Depois de haver fruído, por alguns instantes, do meu assombro, disse-me o faquir, com uma expressão de mal dissimulado orgulho:

— «Se eu continuasse as evocações, em oito dias a planta teria flores, e, em quinze dias, daria os seus frutos.» (*)

16) — Muito afins, quando não de todo idênticos às manifestações espiritistas, são aqueles singulares fenômenos que Flammarion descreve com o título de — «Telepatia» (63).

Trata-se de aparições, não provocadas, quer de mortos, quer de vivos, mas distantes, que, por esse modo, entendem dar, a determinados indivíduos, notícia das singulares condições, mais ou menos dolorosas, em que se encontram, ou, ao contrário, são visões que um indi-

---

(*) Este caso foi mais bem relatado por Lombroso, à pág. 187 de sua obra "Hipnotismo e Mediunidade". — *(Nota da Editora.)*

(63) *Camille Flammarion* — "A Morte e seu Mistério", "O Desconhecido e os Problemas Psíquicos", "Urânia", todos publicados em português, pela FEB. — *(Nota da Editora.)*

víduo, posto num lugar, tem de acontecimentos que se realizam em pontos afastados.

Um dos mais antigos exemplos clássicos de telepatia é recordado por antiga inscrição, descoberta não há muito, a qual reproduz uma carta do filósofo Epicuro (341 - 229 a.C.).

Tivera a genitora deste vivas visões de pessoas ausentes, recebendo delas predições de eventos, que, em seguida, realmente aconteceram. O filho, filósofo, procurava tranquilizar a genitora, pois, com esses fatos, ela ficava profundamente turbada (64).

Conhecidíssimo é o caso referido por Cícero (65): Dois amigos, que tinham viajado para Megara, vão-se alojar separadamente. No sono, um deles vê o outro, que lhe pede socorro contra assassinos. Desperta, não dá valor ao sonho, e readormece. Mas o sonho se renova, segunda e terceira vez. Finalmente, o amigo lhe aparece, com as vestes dilaceradas e o peito ensanguentado, recriminando-o por não haver corrido em sua defesa, não obstante insistentes rogos. Conclui dizendo:

— «Apenas raie o novo dia, o meu cadáver será levado para fora da cidade, em um carro de imundícies; verifica isto que te digo: faze punir os assassinos, e presta-me as honras fúnebres.»

Impressionado com a pertinácia do sonho, o amigo, afinal, dá crédito à aparição: deixa o leito e vai para a porta da cidade, onde encontra o carro das imundícies. Faz prender o condutor, que, às primeiras perguntas, se perturba, e, por entre o conteúdo do carro, encontra-se o corpo do viajante assassinado.

O famoso Apolônio, de Tiana (4 a.C. a 96 d.C.), estando em Alexandria, viu o imperador Domiciano cair assassinado em seu palácio, em Roma, e anunciou o fato

(64) *Geffcken* — "Preussische Jahrbüch", Dez. 1905.
(65) "De Divinat.", I, 27.

àqueles que, no momento, com ele falavam. As notícias, ulteriormente recebidas, confirmaram a exatidão do comunicado por ele feito (66).

Dois esplêndidos exemplos de telepatia são narrados por Francisco Petrarca, em uma carta a João de Andréa, de Bolonha, em data de 27-12-1343 (67).

Dos fatos que refere, diz que «vivem ainda as testemunhas que primeiramente me ouviram contar um e outro sonho, e souberam depois se terem verificado ambos».

No primeiro exemplo, diz de um jovem, seu dileto amigo, que, por enfermidade gravíssima, estava nos extremos da vida e desenganado pelos médicos.

«Uma noite — diz Petrarca — depois de insone até à aurora, meus olhos, fatigados, se fecharam para um triste sonho. E eis que me surge a pessoa dele, e eu, diante do seu aspecto, emiti horríveis gemidos que despertaram meus companheiros. Parecia o meu amigo avizinhar-se de mim, enxugar, pouco a pouco, as minhas lágrimas e consolar-me, por fim, de uma dor para a qual não havia razão. E pareceu-me ouvi-lo:

— «Cala-te; o que queres dizer, já sei. Mas, eis aqui chegado quem me corta o nosso colóquio. Faze, rogo-te, que nele reviva a esperança de salvar-me, e fica certo de que, se não me abandonarem, eu não morrerei deste mal.»

«E, no momento, ouço um rumor à porta do meu quarto; com o rumor, desapareceu o sonho, e despertei, mal clareava o dia.

«Olho em derredor e vejo aquele dos dois médicos, o que era mais meu afeiçoado, e que, desesperado pela moléstia do amigo, pusera todo o cuidado em consolar-me e dar-me conforto. Por isso, em vista da nossa

---

(66) *Guerrazzi* — "Prolegomeni all'Assedio di Roma".
(67) "Epistole", libro V, lett. 7ª.

amizade e da indulgência dele para comigo, dirijo-lhe as mais ardentes súplicas para que regressasse para junto do amigo enfermo, e não perdesse a esperança, a qual, tratando-se de um jovem, não se devia perder, enquanto lhe restasse um fio de vida. Mas ele, com melancólico aspecto, admirado da minha importuna e vã solicitação, respondia ter abraçado a arte de curar e não a de ressuscitar: era médico e não Deus. E eu, ainda banhado do mesmo pranto vertido na noite, lhe revelei o que tinha visto com a mente sã, conquanto oprimido pela dor, e, sempre a chorar, vivamente implorei que acudisse até o extremo momento. Em suma, a seu malgrado, aquiesceu. Foi, e, depois, voltando, trouxe palavras de alguma esperança. Após ele, todos os que haviam abandonado o enfermo voltaram à porfia. E assim, do beiral da sepultura, meu amigo foi restituído, são e salvo.»

Narrando o outro caso, Petrarca, depois de haver salientado a profunda e devotada amizade a Jacob Colina, bispo da Gasconha, assim se expressa:

«Tinham-me chegado aos ouvidos, quanto à saúde dele, algumas notícias duvidosas. Assim é que, flutuando entre esperança e temor, estava de contínuo esperando a chegada de algum recado. Estremeço de horror ao lembrá-lo, porque foi neste lugar que, dormindo, eu o avistei à noite. Estava só e prestes a atravessar o ribeiro que banha este jardim. Eu corria ao seu encontro e lhe perguntava uma coisa e outra, donde vinha, aonde ia, porque tão depressa, porque estava sòzinho. E, nada respondendo a estas indagações, compondo o semblante a meio riso, disse:

— «Lembras quanto te eram aborrecidas as tempestades dos Pireneus, quando estavas comigo, além do Garonna? Pois bem: a mim igualmente me fizeram tédio, e vou para Roma, para não mais voltar.»

«E, assim dizendo, chegara ao extremo do jardim. Eu lhe pedia que com ele me levasse; mas ele, estendendo a mão aberta, uma e duas vezes, me repeliu suavemente, mudando de súbito a expressão do rosto e o timbre da voz, e acrescentou:

— «Termina com isso; agora não te quero para companheiro.»

«Dirijo-lhe então o olhar e, ante a sua palidez exangue, reconheço que está morto. Tomado de medo e de dor, grito, e, despertando, ouço o último som desse grito. Anoto por escrito o caso e a data, e o narro aos presentes e o escrevo aos ausentes. E eis que, passados vinte e cinco dias, recebo a notícia de sua morte, e, comparando as datas, verifico que morrera no mesmo dia da sua aparição. Seus despojos (e isto eu não sabia e muito menos suspeitava) foram, três anos depois, trasladados para Roma.»

Teodoro Agripa d'Aubigné (68) relata o seguinte fato: a 23 de Dezembro de 1574, falecia, em Avignon, o cardeal de Lorena, quando naquela cidade ainda se encontrava o Rei com a sua Corte. À noite avançada, a Rainha Catarina de Médicis, que se recolhera ao leito, palestrava com algumas damas e cavalheiros, e, quando já estava para despedir os presentes, atirou-se, com sobressalto, contra a cabeceira, cobriu o rosto com as mãos, e, clamando por socorro, indicava aos circunstantes, ao pé da cama, o Cardeal, que lhe estendia as mãos. A aparição durou poucos segundos. O Rei expediu um dos seus gentis-homens à casa do Cardeal, e o enviado noticiou que o purpurado havia morrido poucos minutos antes.

Emmanuel Kant conta, depois de acurada indagação a respeito, o seguinte episódio da vida de Swedenborg, o grande precursor do Espiritismo na Escandinávia (69).

(68) "Histoire Universelle", Paris, 1616.

(69) *Kant* — "Opere", III, pág. 88; Carta a Carlota Knobloch, de 10-8-1768.

A 10 de Julho de 1759, Swedenborg, aos 73 anos de idade, regressando de uma viagem feita através da Inglaterra, desembarcou em Gotenburgo, a 200 quilômetros de Estocolmo, cidade de sua residência. Hospedou-se em casa de um amigo, onde cada noite se reunia seleta e numerosa sociedade. Na tarde de sua chegada, ali pelas seis horas, Swedenborg, que havia saído, regressou, pálido e consternado, dizendo que, naquele instante, lavrava um incêndio em Estocolmo, na rua de sua moradia, e que o fogo se alastrava, rumo de sua casa, com extrema violência. Saiu de novo, e, pouco depois, voltou, lamentando que a residência de um dos seus amigos houvesse sido reduzida a cinzas, e que a sua própria corria gravíssimo perigo. Saindo uma terceira vez, retornou, quase às oito, e disse, com alegria:

— «Graças a Deus, o incêndio foi extinto na terceira casa que precede a minha.»

A notícia se espalhou por toda a cidade, a todos comovendo, tanto mais que o próprio Governador dera grande atenção à narrativa, e muitas pessoas ficaram penalizadas, pelas propriedades e pelas pessoas amigas. Dois dias depois, o Correio Real trouxe de Estocolmo a notícia do sinistro, a qual concordava plenamente com a descrição feita por Swedenborg: o incêndio fôra dominado às oito horas da noite.

O romancista Alexandre Dumas (70) diz haver tido, de modo bastante estranho, a notícia da morte do seu genitor.

«Próximo das oito horas da noite, Mariana, minha prima, deitou-me no meu pequeno leito, de frente ao grande, e adormeci, naquele belo sonho que Deus dá às crianças, qual o orvalho à primavera. À meia-noite, fui despertado, ou antes, fomos despertados por um grande

(70) *A. Dumas* — "Mes Mémoires", Paris, 1851; "Le Phare", de Liege, 1871, n. 17.

golpe batido na porta. Uma lâmpada estava acesa sobre a mesinha de cabeceira, e, a essa luz, vi minha prima erguer-se na cama, aterrorizada, mas, sem proferir palavra. Ninguém podia ter batido naquela porta interna, pois que duas outras precedentes eram fechadas à chave. Eu, que hoje estremeço ao escrever estas linhas, não tive então qualquer medo; desci do leito e me dirigi para a porta.

— «Aonde vais, Alexandre — gritou a prima — aonde vais?

— «Estais vendo — respondi tranquilamente —, vou abrir para papai, que nos vem dizer adeus.

«A pobre moça saltou da cama, espavorida, agarrou-me pelo braço, enquanto eu estendia a mão para a fechadura, e me levou, à força, para o pequeno leito. Eu me debatia entre os seus braços, gritando a plenos pulmões:

— «Adeus, papai, adeus papai.

«Qualquer coisa semelhante a uma brisa me passou pelo rosto, e me acalmou. Todavia, readormeci com os olhos cheios de lágrimas e com o soluço na garganta. Na manhã imediata vieram acordar-me, porque era de dia. Meu pai morrera precisamente na hora em que aquele grande golpe, que eu ouvira, fôra dado na porta. Então, eu ouvira estas palavras, sem saber bem o que significassem:

— «Meu pobre filho, teu pai, que tanto te amava, morreu.

«Quem pronunciou essas palavras, que me declaravam órfão aos três anos e meio? Ser-me-ia impossível dizê-lo. De quem me veio o anúncio da maior desgraça da minha vida? Ignoro-o.»

Mais surpreendente ainda é o seguinte fato, narrado por Gougenot de Mousseaux, no seu livro sobre — «Os grandes fenômenos da Magia», publicado em Paris, em 1864.

«Enquanto o Sr. Roberto Bruce, 2º comandante de um navio em viagem, perto do Banco da Terra Nova, estava, um dia, no gabinete de trabalho, viu, imprevistamente, um estrangeiro sentado, a escrever, no lugar do seu Capitão. Surpreendido com o caso, saiu do local, para comunicar o fato ao seu superior, mas, tornando à cabina, não encontrou ninguém. Todavia, sobre a ardósia, que servia para os cálculos náuticos do Capitão, estavam traçadas, por ignota mão, estas palavras: **Manobrai para Noroeste.**

«Estimulado pela curiosidade, o Capitão obedeceu ao comando misterioso, e, após três horas de viagem, encontrou-se uma embarcação, desmantelada, cheia de gente, em iminente perigo de afundamento. O navio envia suas chalupas para recolher os pobres náufragos. Quando um destes alcançava o flanco da nave libertadora, Bruce estremeceu, reconhecendo nele o misterioso estrangeiro.

«Então, juntamente com o Capitão, convidou-o a escrever sobre uma ardósia as palavras — **Manobrai para Noroeste.** A caligrafia era exatamente idêntica à que ainda permanecia na ardósia do Capitão. O autor do escrito não sabia dar do fenômeno explicação alguma. O comandante do navio naufragado narrou que, cerca do meio-dia, o passageiro, estando muito cansado, havia adormecido profundamente, e, despertando, uma hora depois, lhe dissera:

— «Sr. Capitão, seremos salvos hoje mesmo. Sonhei estar a bordo de um navio que vem em nosso socorro.

«Ele descreveu a nau e particularidades de bordo, e, com grande admiração, verificamos agora ser exato tudo quanto nos disse.

«Por sua vez, acrescentou o passageiro:

— «A coisa mais estranha é que tudo quanto aqui

vejo me parece familiar, e, todavia, não me recordo de haver jamais estado neste navio.»

A narração do seguinte caso foi publicada em Turim, em Junho de 1873, pelo Cav. Rinaldo Dall' Argine, de Florença.

Conta ele que, em 1871, Virgínio Castellani era pretor em Langhiranno, grande burgo da Província de Parma. Enviuvando, ficou com uma filhinha, de nome Antonieta, e, mal podendo prestar-lhe os necessários cuidados, confiara-a, em Parma, ao casal Conselheiro Lívio Testi e Maria Antonieta Rossi, genitores da extinta consorte e avós afetuosíssimos da menina. Todos os sábados, porém, costumava o pai ir a Parma, ver a filha, beijá-la e passar alguns momentos felizes. E a menina, também todos os sábados, por largo tempo se postava à janela, para vê-lo chegar, e só a deixava para correr ao seu encontro e atirar-se-lhe nos braços.

Em Langhiranno, burgo importante pelos seus mercados, mas, sem teatros e clubes de conversação, à noite ia Castellani constantemente à principal hospedaria local, onde se reuniam também as pessoas mais consideradas da localidade, e, ali, palestrando ou jogando uma partida de cartas, entretinha-se até hora tardia, para regressar depois a casa, acompanhado por um servo da hospedaria.

Na noite de 18 de Abril de 1871, esse serviçal se mostrou tão cansado e sonolento, que Castellani não insistiu em se fazer acompanhar por ele, e, completamente só, encaminhou-se para casa. Mas, chegando à porta, e apenas terminara de bater, um homem, que estava emboscado, a ele se atirou qual fera, e, dando-lhe uma punhalada na região inguinal, desapareceu. Soava, então, meia hora depois da meia-noite.

Nessa mesma noite, cerca de 11 horas, os Testi se recolheram ao dormitório, e, depois de acomodada a netinha, que costumava dormir no aposento, deitaram-se também. Dormiam, havia algum tempo, quando, repentinamente, foram despertados por agudos gritos da menina. Desceram apressadamente do leito, e, acendendo uma lâmpada, num ápice se aproximaram da neta. Esta, que contava apenas quatro anos e seis meses de idade, estava de pé sobre o leitozinho, gritando com toda a força:

— Papai, papai, oh, meu pobre papai!

Nesse momento, soava meia hora depois da meia-noite.

Os avós, que estavam em torno dela, chamaram-na, sacudiram-na, mas a menina não respondia. Embora estivesse erecta sobre a caminha e espelhasse no inocente rostinho forte agitação interna, parecia, não obstante, ainda presa do sono, não ouvindo o que os avós lhe perguntavam, nem lhes respondendo. De novo a deitaram; não proferiu mais nenhuma palavra, sossegou e prosseguiu dormindo o resto da noite. Era a primeira vez que aos Testi acontecia semelhante fato, e não podiam voltar a si da surpresa. Aquele chamado pelo pai, com tanta angústia e desespero, impressionara-os em alto grau.

— Se se devesse acreditar em pressentimentos — falou a mulher ao marido —, dir-se-ia que aconteceu alguma desgraça a Castellani.

— Não andemos com fantasmagorias — respondeu o Conselheiro. — Se sonhamos, nós, que somos velhos, porque não poderão as crianças sonhar também? Antonieta terá tido um mau sonho, e eis que tens explicada a causa da sua agitação.

Tornando a deitar-se, o casal readormeceu quase logo e repousou tranquilamente. No dia seguinte, apenas erguidos, receberam a notícia do assassínio do genro, com todas as particularidades que o acompanharam.

À pobre òrfãzinha se ocultou a morte do pai, e tais foram as precauções adotadas que a ignorou durante muito tempo.

Castellani fôra assassinado na noite de sexta-feira, e, se tal não houvera acontecido, teria ele, na manhã seguinte, ido a Parma, como de hábito.

Antonieta ergueu-se algum tempo depois dos avós, quando estes já tinham conhecimento da tragédia de Langhiranno. Mas — fato estranho! — Antonieta não mais falou no pai, nem pediu, conforme sempre o fazia, que a pusessem na janela para, de longe, vê-lo chegar. A partir da noite fatal, a menina, como se fôsse avisada por voz sobre-humana da morte do pai, não mais o mencionou, não mais o esperou; mas, quatro dias depois do infausto acontecimento, por pessoa da família Testi foi encontrada sòzinha, diante de uma janela aberta, a olhar o céu, toda absorta em si mesma, exclamando:

— Sim, meu papai, também eu, meu papai! — como se visse a imagem do genitor no Espaço e com ele conversasse.

Estes fatos são pura verdade, e conhecidíssimos em Parma.

No «Raccoglitore Medico», de Forli (71), encontra-se narrada uma observação do Dr. G. B. Ermacora, relativa a dois casos importantíssimos de telepatia, com percepção objetiva independente.

A uma senhora, de Rovigo, certo dia, pela manhã muito cedo, apareceu, de repente, um seu irmão, que ela sabia estar no Cairo e ignorava houvesse falecido desde havia vinte e seis horas.

Concomitantemente, outra irmã, que residia com ela, ouviu alguém andar no seu próprio aposento, onde deslocara um seu vestido que, na noite anterior, ela colocara sobre uma cadeira, junto do leito, e, mais tarde, ela o encontrou atirado no chão, perto da porta.

Cada uma das duas irmãs pensou que o irmão hou-

(71) *Forli* — "Raccoglitore medico", 10-1-1897, pág. 20.

vesse regressado inesperadamente à pátria, voltado à casa, e, depois, saído a negócios. Prepararam-lhe o jantar para a hora costumeira da família, mas, naturalmente, esperaram-no em vão.

O Dr. Ermacora observa que as duas irmãs não eram sujeitas a alucinações, que as duas aparições ocorreram em circunstâncias diferentes, e uma delas foi decerto confirmada pelo deslocamento material de um vestido. Disto conclui ele não ser lícito pensar em fortuita coincidência de duas alucinações congêneres, mas deve-se ter por bastante provável a percepção — **por via sobrenatural** — de um terceiro fato ocorrido poucas horas antes, em local longínquo, no Cairo, isto é, a morte do irmão de ambas as senhoras.

Schrag, na «Deutsch-Americanische Revue», de 15 de Junho de 1906, define a telepatia como sendo **radiotelegrafia psíquica**, quase como se existissem também ondas **hertzianas psíquicas**, observando que só assim se podem explicar os fenômenos telepáticos, sobre a existência dos quais não cabe dúvida. E, a propósito, narra que um dos mais notáveis destes ocorreu, há poucos meses, na Boêmia, onde uma velha sonhou, certa noite, que seu filho, marinheiro nos Estados Unidos da América, havia morrido afogado. Viu ela, no sonho, a cena dramática da asfixia. Decorrido um mês, chegou a notícia da morte do filho, ocorrida na hora exata daquela noite na qual a mãe tivera a triste visão.

Que nos perdoem termos sido um tanto prolixo no relato destes vários casos de telepatia, pois nos parece que a importância do assunto bem merecia o testemunho de pessoas conhecidas de todos os tempos e de todas as classes sociais.

Não pretendemos garantir de modo absoluto a plena verdade objetiva das narrações, mas sentimo-nos no dever de declarar que não temos a **mínima razão e o mí-**

nimo direito de as impugnar ou de insinuar, a propósito, a mais leve dúvida ou suspeita. Que interesse poderiam ter os autores de tais narrativas em contar uma coisa por outra? Eles asseguram que não se referem a fábulas, e, sim, que descrevem fatos verdadeiros, acontecimentos reais. Porque não deveremos crer em suas palavras? Com a dúvida perpétua, a que historiador se deverá mais prestar fé? As particularidades dos vários fatos narrados bastariam para dar segurança, a quem quer que seja, contra toda a possível ocorrência de ilusão ou alucinação. Mas, voltemos ao Espiritismo.

17) — Lendo a sumária descrição de todas as maravilhas espiritistas, pode alguém acreditar ter tido sob seus olhos o capítulo de algum romance fantástico, ou, pelo menos, alguma novela mais ou menos engenhosamente arquitetada. Todavia, os singulares fatos por mim brevemente resumidos, das obras e dos cuidadosos relatos dos que trataram do assunto — são uma realidade, e isto nos é atestado por um número quase infinito de testemunhas.

De algumas estatísticas apresentadas ao Congresso Espiritista reunido em Paris, em 1889, nas salas do Grande Oriente da Maçonaria Francesa, na Rua Cadet, n. 16, e ao qual compareceram 500 delegados, representando 40.000 componentes de várias associações espiritistas, nominadas individualmente com o respectivo e exato endereço — pode-se, com toda a segurança, concluir que, então, o número das testemunhas dos vários fatos por nós indicados devia ser, pelo menos, de 6.000.000 de indivíduos. Os congressistas talvez exagerassem, elevando essa cifra para 12 a 15 milhões e mais (72).

A estes, acrescentaremos todos quantos testificaram da realidade dos fatos do Espiritismo, nas suas primeiras

(72) "Il Vessilo spiritista" (revista), Julho, 1891.

origens históricas bem averiguadas, entre 1847 e 1889, e daqueles que, dessa época até hoje, continuam a confirmar a verdade de quanto é afirmado, a propósito, pelos predecessores.

As maravilhas espiritistas, operadas pelos faquires indianos, nos são garantidas — no fato — como verdadeiras, por Jacolliot (73), que passou muito tempo da sua vida nas Índias, e igualmente pelo missionário Huc (74), por Eugênio Nus (75), por Olcott (76) e não poucos outros europeus que ficaram altamente estupefatos (77).

Tudo somado, tem-se uma cifra tal de testemunhas que não se pode absolutamente desprezar, sem pecar por excessiva leviandade, tanto mais que talvez nenhuma delas se converteu ao Espiritismo sem ter sido testemunha e parte nos seus portentos.

Entre estas testemunhas, existem as das mais diversas nações: americanos, ingleses, franceses, dinamarqueses, holandeses, escandinavos, alemães, russos, espanhóis, portugueses, italianos, e ainda egípcios e hindus.

Quanto às crenças, temos mormons, ateus, materialistas, racionalistas, ortodoxos, cismáticos, protestantes e também católicos.

Que os povos ou parcelas de uma nação ou credo religioso concordem em atestar, no nosso século de dúvida e cepticismo, como verdadeiro um acontecimento imaginário, é coisa, se não provável, pelo menos possível. Mas, que grupos numerosíssimos, originários de povos

(73) *Jacolliot* — Ob. cit. e "La Bible dans l'Inde", Paris, 1869.

(74) *Huc* — "Souvenirs d'un voyage dans la Tartarie et le Thibet", Paris, 1857.

(75) *E. Nus* — "Choses de l'autre monde", Paris, 1880.

(76) *Olcott* — "Cathécisme boudd.", tradução francesa, Paris, 1883.

(77) "Revue Britannique", vol. XXXII, pág. 368; "Dictionnaire Larousse", art. "Faquir".

diferentes, de religiões diversas, de tendências, de caráter e interesses variados, e não raro opostos, concordem todos em atestar por verdadeiros, não só na substância, mas igualmente nas minúcias e particularidades, acontecimentos decididamente inventados ou fortemente desfigurados, é coisa tão estranha que quase toca às raias do absurdo.

E' notável o fato de que os mais convencidos cépticos a respeito do Espiritismo, depois de haverem assistido a alguma sessão, dirigida com seriedade e bons resultados, se tornem de pronto seus mais ardentes adeptos, como diremos mais adiante. Quem não sabe prestar fé ao testemunho de outros, deve, contudo, crer no que pode constatar por si mesmo, precisa ceder à evidência das provas, quando elas caem ante nossos sentidos.

Também Vítor Hugo (para citar um nome ilustre) costumava chamar às experiências espiritistas — superstição, estultícia, coisa de saltimbancos. Quando, enfim, cedeu aos repetidos convites da Sra. de Girardin e de outros amigos, e se decidiu a presenciar uma sessão, começou a mudar sua opinião a respeito. E as sessões se sucederam, num crescendo de fé, entusiasmo e fervor: o ambiente altamente hostil e incrédulo, dos primeiros tempos, estava radicalmente transformado. Poetas, trágicos e romancistas, já falecidos, foram interrogados, e, se se deve crer na veracidade dos processos verbais das sessões, todos responderam ao apelo, exprimindo-se em versos não isentos de beleza.

Também o grande astrônomo inglês, Herschell, batizava o Espiritismo como sendo charlatanice. Um seu amigo pediu-lhe, certa vez, que assistisse a uma sessão espiritista a realizar-se à plena luz do dia. O médium era uma paroquiana analfabeta, da qual se contavam «maravilhas». O astrônomo, para desmascará-la, interrogou-a, quando no transe, sobre algumas equações do tempo e do movimento de um planeta. A médium respondeu que eram equívocas as conclusões de Herschell, e acrescentou as respectivas retificações que se deviam adotar. Herschell, bem incrédulo que era, riu! Mas, tempos depois, refazendo seus cálculos, encontrou — maravilhado — que era exato tudo quanto lhe dissera a médium.

Entre nós, na Itália, não temos necessidade de andar buscando essas testemunhas em algum lugar recôndito, remoto ou pouco acessível: estão, ao contrário, em qualquer província, cidade, localidade, burgo, nas partes mais esclarecidas e nas mais abandonadas do Belo País, nas regiões mais propensas ao comércio e nas mais segregadas do movimento social.

Elas não atestam na sombra os fatos de que foram testemunhas, mas falam desses fatos pùblicamente, nas reuniões, nas palestras, nos jornais que têm à sua disposição, para melhor proclamarem as suas doutrinas, e se vangloriarem, sem mistério, de serem espiritistas convictos, precisamente porque viram as coisas em que acreditam. Esses mesmos publicaram seus endereços certos, convidando os curiosos a verificarem, por si mesmos, a realidade dos fatos por eles anunciados, e não poucos jornais periódicos têm reproduzido esses endereços. Vinde e vêde — disseram.

E não raros, aderindo ao convite, tiveram de convir, depois, de que era inegável a verdade das maravilhas que lhes haviam sido antes referidas. Poder-se-ia acreditar que, entre as testemunhas citadas, sòmente se contassem indivíduos arrebatados, cabeças levianas, homens fátuos, pessoas incompetentes. Queremos acreditar que isso possa ser verdade, para grande parte das testemunhas. Mas devemo-nos apressar em aduzir que, entre quantos, na Itália e fora dela, atestam a existência real dos prodigiosos fenômenos do Espiritismo, há pessoas respeitáveis e não sujeitas a qualquer restrição.

Com efeito, não poucas, entre essas, ocupam eminentes posições nas suas respectivas classes: jornalistas, romancistas, literatos, professores, matemáticos, astrônomos, geólogos, físicos, químicos, antropologistas, naturalistas, médicos, filósofos, teólogos, magistrados, políticos, diplomatas, sociólogos.

Para quem quer nomes, destacamos de uma lista dada por G. Athius («Idea vera dello Spiritismo», Torino, Tip. Foá & Comp., 1895) e por outras fontes, os seguintes: Vítor Meunier, publicista; Laroche-Heron, publicista; Carlos Lomon, dramaturgo; Walter Scott, romancista; Augusto Vacquerie, literato; Vítor Hugo, romancista e poeta; Máximo d'Azeglio, literato, artista, político; Vitorino Sardou, dramaturgo; Prof. Scarpa; Prof. Vespasiani; Prof. Damiani; Prof. Macchia; G. Mazzini; Terêncio Mamiani; Prof. Ângelo Brofferio; Professor José Gerosa; Ercole Chiaia; Bianchi; Gabriel Morelli; Romanelli; Verdinois; Finci; Ermacora; Scozzi; Ballatore, general; Prof. Hoffmann; Dr. Dexter; Tallmadge; Wynne, matemático; Augusto de Morgan, presidente da Sociedade de Matemática de Londres; Emanuel Swedenborg (teólogo eruditíssimo), um dos corifeus do Espiritismo, mas, ao mesmo tempo, matemático, físico, naturalista e astrônomo; O. Lodge, matemático e físico; Camilo Flammarion, astrônomo; Zoellner, de Leipzig, astrônomo; Challis, astrônomo; Barkus, geólogo; Douton, geólogo; A. Y. Tyndall, físico; Ochorowicz, físico, inventor do termomicrofone; Thury, de Genebra, físico; Fechner, físico; Buttleroff, de S. Petersburgo, químico; Hare, químico; Carus, médico e psicólogo; Crookes, físico; Du Prel; Paulo Gibier; Tamburini; Limoncelli; Ascensi; Vizioli; Ciolfi; Penta; Luciani; Capuana; Mapes, químico; Humphry Davy, químico; Henrique Ferri, antropólogo; Henrique Morselli, antropólogo; César Lombroso, antropólogo; Wagner, zoólogo; Perty, naturalista; Alexandre Humboldt, naturalista; D. Sexton, médico, geógrafo e geólogo; Carlos Richet, médico e fisiólogo;

Jaime M. Cully, médico; Schiapparelli, filósofo; Filopanti, filósofo e matemático; Abade Caro, cônego em Nancy; Abade Rocha; Flournoy; Haumond, pastor evangélico; Simons, magistrado; João Edmonds, magistrado; Aksakof, Conselheiro de Estado do Czar; Eula, ex-Ministro da Justiça e Culto, na Itália; Sênior, docente de Economia Política, em Oxford; Conde Constantino de Bodisco, Capelão do Czar; Conde Ad. Poninski; De Giers, Ministro e Chanceler do Império da Russia; Lincoln, Presidente dos Estados Unidos da América; Daison, major-general; J. B. Roustaing, Advogado na Suprema Corte de Bordéus; Balfour, ex-Lorde do Tesouro, em Londres; Napoleão III; Falcomer, professor de Direito; V. E. Gladstone, Primeiro Ministro inglês; Senador Negri; Jourowich, que, recentemente (1905), fechou contrato com Eusápia Paladino para nove meses de experiências, em Paris.

Sabe-se que Napoleão III, que certamente não era um tolo, um ingênuo, ficou estupefato ante as surpreendentes manifestações provocadas pelo espírita Home, em sua presença e na de toda a sua Corte, com todas as garantias desejáveis.

O peso de tantos e idôneos testemunhos é acrescido do fato de que a mór parte desses testemunhos nos vem através de sábios de primeira ordem, habituados a considerar os fatos sob os mais variados pontos de vista, a analisar as suas relações, a examinar as particularidades e as circunstâncias, as causas e os efeitos. De espírito sereno, de penetrante inteligência, esses homens estão habituados a meditar longamente os assuntos dos seus estudos, a medir seus julgamentos, a avaliar suas palavras, não dispostos, decerto, a ser tidos por imbecis, ou a se deixarem enganar, grosseiramente e por muito tempo, pelo primeiro palrador que se lhes apresente.

O célebre naturalista Alexandre Humboldt, convidado a pronunciar-se, em presença do rei Frederico Guilherme IV, sobre certos fenômenos espiritistas, pronunciou as seguintes memoráveis palavras: «Os fenômenos não podem ser negados; compete agora à Ciência explicá-los.»

E Mott, presidente da Academia Literária e Filosófica de Liverpool, a 15 de Janeiro de 1873, declarava pùblicamente, ante seus colegas: «Ou existe na Natureza uma força desconhecida pela Ciência, ou há um meio de enganar, igualmente ignorado.»

Não poucos sábios, antes de apresentarem suas conclusões sobre os fatos em questão, quiseram observá-los repetidas vezes, examiná-los, perscrutá-los em todas as suas partes, anatomizá-los, submetê-los a diversas experiências, segundo as mais escrupulosas normas das mais exatas e modernas ciências positivas.

Recordamos, a título de homenagem, a Comissão eleita, em 1869, pela Sociedade Dialética de Londres, em que figuraram Alfredo Russel Wallace, Augusto de Morgan, C. F. Varley, Hell, Chambers Howite e Edmonds. Esta Comissão submeteu a escrupuloso exame os fenômenos do Espiritismo, e desse exame concluiu por admitir a sua real existência.

As experiências desta ilustre Comissão, em 1871, foram retomadas, com acurado e escrupuloso controle, por outro ilustre inglês, William Crookes, físico respeitado em qualquer parte da Terra; que, aos 20 anos de idade, já havia publicado importantes trabalhos sobre a luz polarizada; que, mais tarde, produziu importantes trabalhos sobre os espectros luminosos dos corpos celestes; que inventou o fotômetro de polarização e o microspetroscópio; que escreveu trabalhos de Química bastante apreciados; que é autor de um Tratado de Análise Química, ora tornado clássico; que fêz importantes pesquisas em Astronomia; que contribuiu grandemente para os progressos da fotografia celeste; que fêz, sobre a fotografia lunar, trabalhos reputados dignos de um prêmio especial, pela Sociedade Real de Londres; que foi enviado pelo Governo inglês a Oran, para estudar, com outros doutos, o eclipse solar; que é versado em Medicina, em Higiene Pública e em Ciências Naturais, como demonstram seus apreciáveis trabalhos sobre a peste bovina; que descobriu um processo de amalgamação metálica por meio do sódio, hoje largamente aplicado na Austrália, na Califórnia e na América do Sul, para a extração do ouro; que descobriu um novo corpo metálico, o Tálio; que, finalmente, fêz conhecer o estado radiante da matéria, o qual permitiu a famosa descoberta dos raios Röentgen, tão útil para a fotografia a que se chamou fotografia do **invisível**.

Um homem de tão alto intelecto e de tão vasto saber; homem que passou a vida a indagar, com a máxima severidade, os mais árduos segredos da Natureza, quis examinar os fenômenos espiritistas e submetê-los à severa crítica das ciências experimentais. Nas suas pesquisas foi secundado por outros dois físicos de valor, William Huggins e Ed. W. Cox.

Por meio de aparelhos de precisão e de registradores automáticos, ele examinou escrupulosamente, até nas mais insignificantes particularidades, os fenômenos produzidos sob seus olhos. Experimentou, repetidas vezes, em pleno dia, em aposentos escolhidos por ele e bem iluminados, ou pela luz solar, ou por luz elétrica, ou à luz fosfórica. Ele próprio assistiu à «toilette» dos seus médiuns, para ter certeza de que nada escondiam sob as vestes. Alguns aparelhos, que deviam receber a influência dos médiuns, foram circundados de gaiolas metálicas; as mesas da experiência eram escolhidas, examinadas e dispostas por ele. Pois bem: estudados os fenômenos espiritistas, por entre tantas precauções e com o maior cepticismo científico, teve ele, honestamente, de repetir quanto antes já dissera Alfredo Russel Wallace: «Adquiri a prova certa da realidade dos fenômenos espiritistas.»

Mas, não se creia que, naquele período de tempo, as faculdades das ilustres personalidades componentes da Comissão da Sociedade Dialética e a de William Crookes começassem a sofrer alguma alteração nas funções cerebrais, pois que, **contemporâneamente**, os diversos sábios mencionados tinham em mãos outras admiráveis obras, posteriormente publicadas, e, **depois** dessa época, cada um deles deu provas indubitáveis da conservação do seu próprio intelecto.

Quanto a Crookes, em particular, recordemos, a propósito, que os seus trabalhos sobre o estado radiante da matéria remontam a 1878 e que as suas últimas demonstrações sobre tal ponto foram feitas em 1879, no Congresso da Associação Britânica para os progressos da Ciência e, em 1880, na Escola de Medicina e no Observatório de Paris, em presença de muitos e muitos cientistas, entre os quais o químico Wurtz e o Almirante Monchez.

Os estudos sobre Espiritismo, como dissemos, Crookes os realizou anteriormente, em 1871.

E o ilustre cientista, no entusiasmo das suas convicções, chegava a afirmar que o **Espiritismo científico** estaria para ser a mais potente alavanca para o progresso moral da Humanidade. Todos os progressos físicos e mecânicos (disse ele), presentes e futuros, tomados em conjunto, não podem e não poderão dar à Humanidade aquela paz de espírito a que ela tanto aspira. E os pontos de vista de Crookes são completamente acordes com os de Lorde Cairns, e ainda com os do insigne naturalista Wallace e de Kelwin, o maior eletrotécnico da Inglaterra, o qual, Kelwin, chegou até a asseverar que tinha consciência de haver resolvido alguns problemas científicos com o subsídio de **eficiências espiritistas**.

Por último, não têm faltado aqueles (repitamos) que, após ridicularizarem e desprezarem o Espiritismo, se tornaram, depois de repetidas observações e experiências, testemunhas ou mesmo adeptos convictos, se bem que, durante suas observações e experiências, tivessem agido com a maior dose do espírito de dúvida e de desconfiança.

Entre estes, dos contemporâneos, basta recordar — por todos — César Lombroso (78). Ante testemunhos tão numerosos, tão seletos, tão competentes, tão pesquisadores e tão desconfiados, parece-nos seria muito desarrazoado conservar dúvidas sobre a realidade dos fatos que servem de base ao Espiritismo.

Apraz-nos fechar este capítulo com as mesmas palavras com que Crookes terminava o relato de suas observações e das suas experiências:

«O público, sempre ávido do sobrenatural, pergunta-nos: Acreditais nisso, ou não acreditais? Respondemos: Somos químicos, físicos; nosso ofício não consiste em crer ou deixar de crer, e sim em certificar, de modo positivo, se determinado fenômeno é ou não imaginário. Feito isso, o resto não é de nossa competência. Ora, quanto à realidade dos fenômenos, nós a afirmamos, pelo menos provisòriamente, porque, com imensa estupefação dos nossos sentidos e do nosso intelecto, a evidência nos constringe a admiti-la. Lembre-se o leitor de que **não aventurámos nem hipóteses, nem teorias de forma alguma**: atestámos simplesmente alguns fatos, tendo por único escopo e razão única o que em toda a nossa longa carreira procurámos: tornar conhecida a verdade. As Comissões de examinadores, os homens insignes e peritos, de todas as nações, que se uniram para controlar as nossas experiências — concluem conosco. Nós não vos afirmamos uma vez mais — que isto é verossímil, mas vos afirmamos que isto — **é**.

«Em vez de duvidar ou crer ao acaso, o que é a

(78) "I nuovi orizzonti della Psichiatria", na "Rivista d'Italia", Fevereiro de 1904; "Luce e Ombra", Milão, 1-9-1905.

mesma coisa, e de imaginar que fomos capazes de malbaratar o tempo no estudo de artimanhas de charlatães (como se fôsse possível tal puerilidade), tomai o trabalho de examinar primeiro os fatos, tal qual nós, que éramos incrédulos, nos resignámos a fazer. Mostrai-nos, com severa crítica, em qual ponto errámos no curso de nossas experiências; especificai e sugeri, se sabeis, os meios de exame mais demonstrativos; inventai complexos de dificuldades, mais intransponíveis e mais sutilmente engendrados do que aquelas de que rodeámos os nossos médiuns, e deles ignoradas. Mas, não venhais, assim inconsideradamente, tratar-nos de mentirosos ou de termos fàcilmente enganado os sentidos do nosso corpo; não acuseis a nossa razão de demência (que, entre parêntesis, só nós, depois de rigorosos estudos, teremos o direito de reconhecer em vós), com o pretexto de que os fatos contrariam os vossos antecipados julgamentos, juízos semelhantes aos que nós também nutríamos no passado.

«E' difícil ser mais céptico e mais positivo do que nós, em matéria de coisas experimentais. Se vos julgais superiores a nós, seja pela vossa ignorância ou pelo vosso saber de diletantes, — de que lado se deve colocar um homem sensato? Sustentamos que toda máscara de petulância ou de bondade desdenhosa cai do rosto, à vista de certos fenômenos realizados pelos médiuns, **reais e verdadeiros**, nos nossos laboratórios; que os mais animosos motejadores se tornam semelhantes àqueles astuciosos camponeses que, nas feiras, piscam os olhos para os companheiros, zombando de um aparelho de Rhumkorff, e depois mudam de repente de aspecto, apenas tenham tocado os fios da máquina.

«Finalmente, rejeitar levianamente os testemunhos de homens a quem foi confiada a tarefa de examinar um fato e dar a sua razão de ser, equivale a desprezar todo o testemunho humano, qualquer que seja o seu valor, porque não há fato algum da História, sagrada ou profana, ou nos anais da Ciência, que se baseie em provas mais sólidas e mais eficazes do que as que nos tornaram, não só convencidos, mas até oprimidos pela evidência. Não ouseis, pois, proclamar a superioridade dos vossos sentidos e do vosso cepticismo sobre os nossos sentidos e nosso cepticismo, e fiquem assim terminadas estas ociosas controvérsias.»

Subscrevemos, sem restrições, estas sapientíssimas palavras. E se aos olhos de alguém devemos passar por ingênuo, nós, até demonstração em contrário, preferimos ser ingênuo com Wynne, Huggins, Russel Wallace, Cox, Tindall, Humphry Dawy, Richardson, Humboldt e Crookes, e assim outros muitos eminentíssimos sábios — a ser avisado e destro com quem se põe a julgar, sem nenhum exame prévio.

Uma das mais fáceis explicações que se costuma dar para estes fenômenos, baseia-se na hipótese de — **sugestão coletiva**. A este propósito, apraz recordar a carta-aberta do Sr. I. M. Palmarini, presidente da Sociedade para Pesquisas Psíquicas, de Firenza, publicada no «Jornal de Itália», de Roma, numero 240, de 29 de Agosto de 1906.

Palmarini refere ter desejado iniciar uma série de indagações, para verificar até que ponto fôsse possível a hipótese da sugestão coletiva. Sem, naturalmente, comunicar seu desígnio a nenhum dos componentes do grupo por ele presidido — composto de pessoas de várias categorias, pela cultura, condição, etc., começou a fazer perguntas sugestivas. Pedia, por exemplo, ao médium que tudo tentasse para fazer aparecer uma cabeça luminosa, sem precisar em que ponto do aposento. Depois, decorrida longa espera, dizia:

— Alguém vê, acima da porta do gabinete, algo semelhante a um globo luminoso?

Silêncio de alguns instantes. A seguir, um por um,

todos os presentes respondiam com um belo — NÃO.

— Mas (teimava), eu vejo um foco fosforescente...!

Novo silêncio, seguido de novas negativas. E, malgrado a insistência de Palmarini, ninguém viu o que ele, em forma sugestionante, pretendia fazer visto.

Em outra sessão, em perfeita escuridade, o médium advertiu que provàvelmente luzes seriam vistas. O predito senhor aproveitou para fazer crer que um foco debilíssimo, que provinha de um respiradouro de janela fechada com ferrolho-cadeado, pudesse ser uma das tais anunciadas luzes. Mas, todos reconheceram que a dita luz provinha do pequeno respiradouro. Isto quanto a alucinações visuais.

Para as auditivas, narra haver experimentado mais vezes, durante longas expectativas, quando a atenção estava mais acurada, perguntando se era ouvida uma pancada seca batida na parede ou na porta. Com tudo isso, ninguém jamais respondeu afirmativamente, enquanto não houve som real.

Igualmente negativas foram outras símiles experiências sobre alucinações táteis e perfumes; entretanto, quando surgia um fenômeno mediúnico, todos os presentes à experiência o percebiam, ainda que insignificante fôsse ele.

E disso Palmarini firmou a conclusão de que a explicação dos fenômenos espiritistas, baseada na alucinação coletiva dos experimentadores, é destituída de todo fundamento científico, e só pode ter valor para aqueles que apenas falam destas pesquisas levianamente, sem nenhum preparo sério.

Inútil é dizer que nenhum valor, nenhuma importância se deve ligar aos julgamentos daqueles pseudo-sábios que hoje combatem o Espiritismo, e dele se fazem adeptos amanhã.

E valha — por todos — o exemplo de Luiz Figuier, que, na sua «História do Maravilhoso», combate injuriosamente o Espiritismo, e, depois, no «Amanhã da morte, ou a vida futura segundo a Ciência», o admite, aduzindo eloquentes provas demonstrativas dele, e só declarando indigno o modo pelo qual os Espíritos se manifestam, por meio de golpes, movimentos de mesas ou expedientes similares.

Assim, não se pode ter dúvidas sobre a verdade de alguns fatos espiritistas, mas, para outras experiências, não se pode excluir o truque.

O truque é possível sempre, como pôde uma vez observar o ilustre Prof. Quirolo, mas é perfeitamente explicável.

O médium deve estar sob enorme fadiga, quando tenha de realizar fatos anormais, cuja veracidade se pode afirmar resolutamente, ainda que não se podendo ainda acertar com a origem. Por isso, quando se trata de mover uma cadeira ou mesa, é natural que o médium busque subtrair-se ao enorme esforço que lhe é imposto, e procure mover a mesa ou a cadeira com os meios normais. Mas isto não pode excluir, e não exclui, que o fato possa ocorrer e que realmente se dê.

18) — Por alguém nos foi várias vezes perguntado se já havíamos verificado pessoalmente a realidade e particularidade dos maravilhosos fatos que temos descrito. E, por amor à verdade, tivemos de responder negativamente, por nos ter faltado oportunidade e vagar para submeter a sério exame, com as devidas cautelas, com as indispensáveis precauções, com os necessários aparelhos e com os preciosos auxílios, os fenômenos do Espiritismo.

Mas, a nossa falta de experiência pessoal em nada tolhe a realidade e particularidade dos fatos referidos e a veracidade das narrações que nos têm sido feitas; assim como, igualmente, a nossa falta de observação direta em nada prejudica a real existência do Estreito de

Magalhães, do Istmo do Panamá e dos Bancos da Terra Nova, e em nada diminui a veracidade das descrições médicas de algumas doenças tropicais que jamais tivemos oportunidade de estudar pessoalmente.

De resto, para aqueles que querem, deliberadamente e a todo custo, repelir a verdade, deve ser indiferente que tenhamos ou não, pessoalmente, observado os fatos em questão, pois que, para esses senhores, todos esses casos não devem ser admitidos.

De fato, se declararmos não ter pessoalmente constatado esses fenômenos, seus negadores, exatamente por esse motivo, proclamarão que não existem, e não deixarão de rir da incompreensível credulidade com que aceitamos as narrativas de outros, embora digníssimos de toda a fé e superiores por sua competência.

Se declararmos havê-los pessoalmente constatado, verificado, controlado e estudado, os mesmos cépticos não deixarão de ridicularizar-nos, dizendo que também nós, de igual modo que tantas pessoas esclarecidas, e ainda com maior razão, estamos iludidos ou fomos grosseiramente enganados. Contra os preconceitos e as obstinações desses, que valia poderiam ter nossos testemunhos, nossas afirmativas? Só eles, homens de valor, enfrentando certas surpresas inexplicáveis, teriam sabido encontrar a ponta do fio do novelo do engano; a todos os outros podem trapacear, mas, a eles, ninguém está à altura de o fazer.

CAPÍTULO IV

Analogias e diferenças entre os fenômenos do Hipnotismo e os do Espiritismo

SUMÁRIO: 1) — Confusão gerada por alguns entre os fenômenos hipnóticos e os fenômenos espiritistas; considerações a propósito. 2) — Analogia entre as duas ordens de fenômenos. 3) — Particularidade característica dos fenômenos hipnóticos e dos fenômenos espiritistas. 4) — Possível associação do Hipnotismo com o Espiritismo: *Hipnotismo espiritista* ou *Hipno-espiritismo*.

1) — Escritores, também de alto mérito, fazem deplorável confusão, danosíssima para a Ciência, entre Hipnotismo e Espiritismo, de vez que, segundo crêem, os fenômenos do Hipnotismo são a mesma coisa, ou, pelo menos, que uns, pela sua natureza e pela sua gênese, estão no mesmo nível dos outros.

Esta convicção lhes traz duas considerações: a primeira, que tanto os pacientes hipnotizáveis, quanto os médiuns espiritistas são quase sempre da categoria dos nevropatas; a segunda, que dos fenômenos hipnóticos se passa bastante depressa aos fenômenos espiritistas, de maneira que — no fato — bem frequente, aos primeiros se associam, promiscuem ou alternam os segundos.

Ainda mesmo admitindo a justeza destas considerações, não podemos convir nas conclusões que delas pretendem derivar.

Se os pacientes nevropatas podem, com igual facilidade, ser sujeitos a ataques de Hipnotismo e se tornarem médiuns de Espiritismo, isso pode significar ùnicamente que eles, com maior facilidade do que outros, são suscetíveis de sofrer influências exteriores.

Se os fenômenos do Hipnotismo se associam, misturam e alternam fàcilmente com os do Espiritismo, isso pode significar tão sòmente que uns são aproveitados para servirem de passaporte e salvo-conduto aos outros.

Na ordem das coisas criadas, vemos muitos outros fenômenos nas mesmas condições recíprocas em que se encontram, entre si, o Hipnotismo e o Espiritismo, e ninguém jamais teve em mente confundir uns com os outros.

Nas tempestades de verão, geram-se tanto o raio quanto o granizo, mas, nem por isso, se admite existir razão para dizer que o raio e o granizo são a mesma coisa. O vento, o trovão e a chuva, nas mesmas circunstâncias, agem simultâneamente ou se alternam, e, todavia, o vento não é o trovão, e nem o vento, nem o trovão são a chuva. Cada uma destas três coisas tem, pois, uma causa diversa e gênese física diferente, de modo que cada uma pode surgir independentemente da outra.

2) — Segundo meu modo de ver, Hipnotismo e Espiritismo têm uma única analogia: aquela que consiste no caráter anormal e maravilhoso dos fatos que os constituem. E, na verdade, se é admirável observar os móveis que espontâneamente se agitam e trasladam, não menos admirável é ver uma criatura viva precipitar-se, em pleno vigor da vida, entre as aparências da morte, no letargo ou na imobilidade da catalepsia.

Mas, se bem se considerar, ver-se-á que, enquanto o admirável dos fenômenos do Hipnotismo se alia à excepcionalidade com que esses se apresentam; ao contrário, o admirável dos fenômenos do Espiritismo resulta da singularidade da sua gênese particular e dos seus caracteres individuais. Embora os fatos do Hipnotismo se possam obter também pelas leis ordinárias da Natureza, como nos pacientes acometidos naturalmente de letargo, catalepsia ou sonambulismo espontâneo, os do Espiritismo, ao contrário, fogem muito da órbita dessas mesmas leis.

3) — Fora da analogia que os fatos do Hipnotismo e os do Espiritismo recìprocamente apresentam, e por motivo do seu cunho admirável, os fenômenos hipnóticos, ao meu ver, diferem demais dos fenômenos espiritistas. Para esta convicção, bastaria observar que, enquanto os fenômenos do Hipnotismo dizem exclusivamente com o indivíduo presa do estado hipnótico, — opostamente os fenômenos do Espiritismo se prendem não sòmente ao médium, mas ainda a todos os outros que o rodeiam.

E, com efeito, no Hipnotismo, só o hipnotizado apresenta as insólitas condições que fazem dele o objeto de maravilha, e o quanto faz e realiza não sai da órbita da sua personalidade, do círculo das suas relações individuais. Não assim no Espiritismo, onde os fenômenos, que enchem de admiração o observador, não dizem respeito sòmente ao médium, mas igualmente se referem aos circunstantes, e também podem referir-se a indivíduos ausentes ou distantes.

Mas, não é tudo. De fato, enquanto no Hipnotismo os fenômenos são provocados por influência que outro exercita sobre o paciente em experiência, opostamente, no Espiritismo, é o médium quem, de certo modo, suscita, em torno de si, as maravilhas que conhecemos. Pelo que, enquanto num caso o hipnotizado é o paciente, no outro caso, o médium é o próprio e verdadeiro agente. Ainda mais: enquanto os fenômenos que constituem o Hipnotismo se prendem a seres animados, — em sentido contrário, os fenômenos que pertencem ao Espiritismo podem referir-se também a inanimados, à matéria bruta.

Ninguém jamais cogitou ou conseguiu, no Hipnotismo, influir objetivamente, de qualquer modo, sobre as cadeiras, mesas, vasilhames. No Espiritismo, ao contrário, não raro estes diferentes objetos têm parte ativa importantíssima e muitas vezes principal.

Finalmente, enquanto o Hipnotismo apresenta um estado especial de alguns seres vivos, pelo qual algumas das suas faculdades se tornam quase nulas, enquanto outras aumentam mais ou menos de atividade, — inversamente, o Espiritismo apresenta a ação de forças novas que, ordinàriamente, não se vêem agir na Natureza, e que, quando atuam, tendem a subverter e a desordenar toda lei natural, mesmo as mais constantes, universais e, direi, as mais fundamentais.

Entre o Hipnotismo e o Espiritismo medeia, portanto, um abismo; um é bem distante do outro, e é enorme e perniciosíssimo erro confundir um com o outro.

Repugna pensar que tal erro pretenda, voluntàriamente ou por cálculo, ser admitido no intuito de lançar o descrédito sobre o Hipnotismo, uma das mais belas e das mais interessantes conquistas das ciências modernas. Devemos, pois, lembrar que tal erro se associa, por parte dos que dele se fazem paladinos, ao incompleto e inadequado conhecimento de assunto tão controvertido.

4) — Com a distinção, por nós feita, não desejamos mìnimamente negar que, alguma vez, na realidade da vida, o Hipnotismo e o Espiritismo andem juntos, quase de braço dado um com o outro. Os autênticos exemplos de tal aliança são numerosíssimos. E o próprio Charcot, nas suas lições, refere um caso desses (79).

Mas, não devemos esquecer do que antes já temos dito, isto é, que, se o Hipnotismo alguma vez se associa,

---

(79) *Charcot* — "Leçons sur les maladies du système nerveux", obrs. compl., III, pág. 229 e seguintes.

mescla ou alterna com o Espiritismo, isso sucede porque as maravilhas de um servem para abrir caminho ao outro, e a fazer aceitar este, o Espiritismo, com maior confiança. Tal fato, todavia, não justifica, de modo algum, a opinião segundo a qual Hipnotismo e Espiritismo são uma e a mesma coisa. Misturar ou unir duas coisas diversas, não quer dizer identificá-las entre si.

Todos os dias estamos habituados a misturar água ao vinho; entretanto, reconhecemos que nem a água é vinho, nem o vinho é água. Com a união do vinho com a água, nós nos julgamos autorizados, no máximo, a dizer que formamos um vinho aguado ou uma água vinosa, — assim, ao observar que o Hipnotismo algumas vezes se une com o Espiritismo, poderemos, quando muito, concluir pela existência de uma forma híbrida de **Hipnotismo espiritista** ou de **Espiritismo hipnótico**, que, com um nome abreviado, denominamos de — **Hipno-espiritismo**, no qual os fenômenos distintos do Hipnotismo e do Espiritismo se unem conjuntamente, não em virtude da identidade da sua natureza íntima, e sim apenas em virtude de uma aliança acidental e precária.

CAPÍTULO V

Natureza do Hipnotismo e das suas manifestações

SUMÁRIO: 1) — Erros a respeito do Hipnotismo e das suas manifestações: refutação. 2) — O Hipnotismo é um estado mórbido dos centros de inervação; demonstração; objeções e respostas. 3) — Mecanismo provável das relações entre hipnotizador e hipnotizado. 4) — Provável mecanismo do fenômeno da sugestão. 5) — Desdobramento e substituição da personalidade. 6) — As perturbações orgânicas e a transposição dos sentidos. 7) — O conhecimento dos idiomas ignorados, a clarividência e a audição, a distância, nos hipnotizados. 8) — O Hipnotismo é um morbo, ora permanente, ora transitório, ora manifesto, ora latente. 9) — O Hipnotismo é provàvelmente uma das muitas manifestações sintomáticas, ou espontâneas, ou provocadas, do histerismo. 10) — Pacientes hipnóticos ou pacientes hipnotizáveis.

1) — No Hipnotismo e nas suas manifestações, alguns vêem o efeito da astúcia, da fraude; outros vêem a ação de forças extraordinárias ocultas. A primeira de tais opiniões Charcot a refutou, demonstrando que, nos diferentes estados hipnóticos, observam-se fenômenos físicos objetivos que absolutamente não podem ser simulados, nem mesmo com a maior e a mais sutil sagacidade, nem a maior força de vontade.

E, com efeito, a chamada exageração dos denominados reflexos tendinosos, a contratura muscular permanente, a excitabilidade fugaz neuro-muscular, a certeza e a igualdade dos movimentos respiratórios, a uniformidade duradoura da tonicidade muscular — são fenômenos que desafiam a habilidade e as astúcias dos mais hábeis e sagazes simuladores. Nas diversas condições hipnóticas, jamais falta um ou outro destes fenômenos, e, quando existe qualquer deles, não se pode duvidar da realidade do estado hipnótico.

Mal compreendendo, por acaso ou calculadamente, as doutrinas de Charcot, ponderou alguém que os aludidos fenômenos não são característicos do estado hipnótico, porque em certos pacientes neuropatas também se assinalam, mesmo fora das condições de Hipnotismo. Mas Charcot jamais disse que esses fenômenos físicos só ocorram no Hipnotismo, e sim que, quando obtidos no Hipnotismo, demonstram a realidade do estado hipnótico e excluem a possibilidade da simulação. Nesse sentido, disse ele que, no Hipnotismo, tais fenômenos são característicos.

No mesmo sentido, comumente se diz que a febre é característica da pneumonia, do tifo, da varíola, da escarlatina, se bem que a febre não exista só em tais doenças, e possa alguma vez, por exceção, faltar.

Aqueles que atribuem o Hipnotismo à intervenção de forças ocultas extraordinárias, provàvelmente não têm suficiente conhecimento do assunto, e tomam, quiçá, por base de seus juízos, os fenômenos do Hipno-espiritismo.

O certo é que, na sustentação de suas afirmativas, invocam a originalidade e a inconcebível estranheza dos fenômenos hipnóticos. Ora, nada mais palpável do que demonstrar que, nos fenômenos hipnóticos, nada há de tão original e de tão estranho que não tenha outros válidos casos confrontáveis nas condições ordinárias da vida; que os mais maravilhosos fenômenos hipnóticos têm satisfatória explicação nas leis normais da Fisiologia e da Patologia, e que, em todo caso, não contradizem mìnimamente nenhuma das estabelecidas leis da Natureza.

2) — Nós, portanto, no Hipnotismo vemos um particular estado mórbido dos centros de inervação, estado morboso singular quanto se pretenda, porém sempre dentro dos limites do explicável. Em esteio de nossa tese, observemos apenas que as três condições morbosas, próprias do Hipnotismo, isoladamente se encontram **in Natura** e com frequência assaz relevante.

Em todos os hospitais e em todos os manicômios, acontece muitas vezes verem-se indivíduos em estado de letargo ou de catalepsia.

Os sonâmbulos são vistos frequentemente, não só nos hospitais, não só nos manicômios, mas também nas comunidades, nos colégios, nas famílias. E, seja nos hospitais, seja nas habitações em comum, nas famílias, nenhum médico ou profano de certa cultura jamais pensou ver no letargo, na catalepsia e no sonambulismo outra coisa além de um fenômeno morbífero, por mais estranho que o quisessem julgar. Ora, se o letargo, a catalepsia e o sonambulismo são três fatos morbosos naturais quando existem isoladamente, não me parece se tenha razão para não os julgar de igual modo quando se unem, ou se sucedem, ou alternam para constituir o assim chamado estado hipnótico.

Como existem **in Natura** o letargo, a catalepsia e o sonambulismo isolados, assim também existem — em estado natural — estes três mesmíssimos fenômenos reunidos em breves períodos sucessivos de tempo, e recìprocamente substituíveis em um mesmo indivíduo.

Um caso clássico deste gênero foi publicado, não há muito, pelo Prof. Francisco Viozioli, de Nápoles (80).

Tem-se então o chamado **Hipnotismo espontâneo**, que ordinàriamente se deixa entregue a si mesmo, não dando, por isso, lugar a algumas das mais surpreendentes

---

(80) "Giornale di Nevrologia", Nápoles, 1885, fascículos 5 e 6.

manifestações do estado hipnótico. Pois bem: mesmo os casos desta espécie foram sempre, por todos, considerados como casos de doença. Assim, se alguns casos de hipnotismo são enfermidade, porque se deverão julgar de modo diferente outros casos que se apresentam com as mesmas manifestações sintomáticas? Francamente, ver-me-ia bastante embaraçado para responder em sentido afirmativo a esta indagação.

Alguns, mesmo julgando ser o Hipnotismo espontâneo um simples fato mórbido, poderiam dizer que se deveria julgar de igual modo o Hipnotismo provocado, justamente porque suscitável por vontade de outrem. A esta dificuldade é fácil responder que há muitas outras condições morbosas que se podem igualmente provocar, sem que, por isso, deixem de ser doenças ou manifestações de enfermidade. Se é mórbido o delírio nas loucuras, nas moléstias cerebrais inflamatórias, nas febres violentas — não é menos mórbido o delírio que se provoca com a superabundância de alcoólicos, com o uso de certas substâncias inebriantes: o ópio, o cânhamo indiano, a beladona, o clorofórmio, o éter, o protóxido de azoto.

A epilepsia, que se pode provocar artificialmente, é um fenômeno morbífero, tanto quanto a que se manifesta espontânea. O fato, portanto, de se poder, às vezes, provocar artificialmente o Hipnotismo, não basta para mudar a natureza da manifestação mórbida, nem autoriza dizer que, ao menos em alguns casos, é de natureza diversa.

Por outra parte, vale recordar não ser exato que o Hipnotismo provocado constitua moléstia puramente artificial, suscitável sem dúvida pelo capricho de alheia vontade. Hoje está plenamente firmado, por pacientes pesquisas de doutos, que o perfeitamente são nunca é hipnotizável, e que todos os indivíduos hipnotizáveis são mais ou menos predispostos ao Hipnotismo, ou pela hereditariedade, ou por doenças congênitas ou adquiridas, ou pelas condições particulares e temporâneas da sua saúde.

Nem vale observar, em contrário, que algumas vezes se tem visto hipnotizar indivíduos são e robustos, e até camponeses, já que a robustez física nem sempre marcha **pari-passu** com a normalidade e a eficácia das funções cerebrais. Assim como se vêem indivíduos magros, com o coração de leão, e colossos de robustez, com o coração de coelhos, — igualmente se vêem cérebros refratários a toda hipnotizabilidade nos de constituição delicada, e cérebros facilìssimamente hipnotizáveis no corpo atlético de um legionário ou de vigoroso e rude colono.

Acrescente-se a tudo isso que, desde seu tempo, o padre Kircher, jesuíta, havia demonstrado como artificialmente se possa provocar um estado hipnótico até nos brutos, especialmente nos perus, por meios absolutamente naturais. E hoje já se conseguiu pôr, em estado hipnótico, rãs, sem nenhuma prática misteriosa e inconcebível (81). Ora, isto que se pode fazer, naturalmente, com os brutos, não há razão para dizer que não se possa, também naturalmente, fazer com o homem.

Convimos ser difícil explicar como, por meios simplicíssimos, se consegue carrear para um indivíduo um estado mórbido tão grave e profundo quanto o hipnótico. Mas, adianta considerar que do fato singular em questão se dá, entretanto, uma explicação plausível, que consiste ou no esgotamento da atividade cerebral provocada por meio de algumas persistentes e leves excitações cerebrais, ou na excessiva excitabilidade de alguns centros cerebrais, morbosamente predispostos, posta em jogo por meio da estimulação prolongada de alguns centros sensoriais, em prejuízo da atividade dos outros centros do

---

(81) *Charcot* — Obs. cits. IX, pág. 262; "Riforma Medica", de 15-7-1895, pág. 149; "Progrès Médical", 13-7-1895, pág. 22; *Laurent et Bernheim* — "Pathologie Médicale", Paris, 1895, II, pág. 467.

cérebro. Uma e outra das duas hipóteses explica suficientemente a gênese do sono hipnótico. Mas, de outro modo que fôsse, isso em nada excluiria a natureza mórbida do Hipnotismo.

Há, com efeito, outros fenômenos dos quais não conhecemos o mecanismo, mas, nem por isso, deixam de ser fatos nervosos ordinários.

Que o bocejo seja um distúrbio nervoso comunicável — não há quem o ignore, e, todavia, que eu saiba, ninguém conhece como e porque o bocejo se contagia. A este respeito, entretanto, temos por oportuno ponderar que, na gênese embora hipotética do Hipnotismo provocado, e assim no fato do contágio do bocejo, nada existe que mìnimamente contrarie lei física ou biológica da Natureza, qualquer que seja, ou que suponha a sua suspensão, ainda que momentânea.

E note-se bem que falamos da lei física ou biológica, e não de atividade funcional orgânica, qualquer que seja.

3) — A relação exclusiva que, durante o sono hipnótico, o hipnotizado conserva, com o seu hipnotizador, nada tem de estranho para quem recorde o que, em outro lugar, já indicámos, isto é, que, nas condições do Hipnotismo, a imaginação do paciente está toda absorvida na contemplação da única pessoa que a senhoreava quando o sono morboso o sobrepujou.

E' sabido que a imaginação, absorta na contemplação de um objeto, se abstrai fàcilmente de todo o resto da Criação; e isto cada um experimenta todos os dias em si mesmo, quando, preocupado com qualquer grave interesse, ou a passeio, ou num teatro, termina, pouco a pouco, por não ver mais nada do que acontece em torno da sua própria pessoa.

Narra-se de S. Tomás de Aquino que, abandonando-se à contemplação de Deus, abstraía-se tanto do mundo exterior, que certa vez, por esse meio, afastou a dor de uma operação cirúrgica que devia sofrer num pé.

De Dante Alighieri, regista a História que, absorvido na leitura de um livro, que antes procurara inùtilmente por longos anos, não percebeu o rumor de ruidosa comitiva de desposados que passava por diante da farmácia no interior da qual estava ele a ler.

A atenção da imaginação, toda voltada para determinada ordem de ideias, pode levar-nos a ter como inexistentes os objetos de ordem diversa. Com muita razão, portanto, o mesmo divino Alighieri cantava («Purgatório», canto XVII):

> *"O' imaginação, que de tal modo enlevas o homem, que às vezes não desperta, embora soem trombetas mil em seu redor."*

Com esta premissa, nada há de extraordinário em que o hipnotizado, todo imerso nas manobras do hipnotizador, só veja a pessoa e apenas ouça a voz deste. Assim, a sua imaginação o isola do resto do mundo, de modo que, pouco depois do início da experiência, para o hipnotizado todo o Universo se circunscreve na pessoa do seu hipnotizador. Os outros presentes, ou os que cheguem, inùtilmente se mostrarão, vãmente falarão: o sonâmbulo nada verá e não ouvirá. Com as suas palavras, com os seus atos, o hipnotizador dará lugar a impressões sensoriais que suscitarão, na imaginação do paciente, particulares imagens e certa ordem de fantasmas. A imaginação apresentará, em seu derredor, aquelas imagens e fantasmas com tal vivacidade ao seu intelecto, que este as tomará por objetividade real. E, depois de consumada a sua apropriação, a fraca vontade do hipnotizado passará a agir de modo correspondente.

Por esta sucessão de fatos, o hipnotizado, em sonambulismo, se torna nas mãos de quem o experimenta como que um autômato, até ao ponto de revocar, por inconsciente associação de ideias, depois de certo tempo e em estado de vigília, um determinado fantasma, um vivo sentimento, uma imperiosa paixão, uma necessidade fictícia, criada ou nele suscitada durante o sono hipnótico, pelo capricho de um estranho. Isto o levará, quase fatalmente, a executar, em plena vigília, ordens estranhíssimas, que ele não sabe nem sequer haver recebido, supondo-as resultantes da sua própria atividade mental.

Parece-me que o conhecimento desta sucessão de diferentes fatos, naturais e normais, deva contribuir, não pouco, para excluir toda sorte e toda sombra de mistério à famosa relação entre hipnotizado e hipnotizador, que, em outros tempos, deu tanto que pensar aos adeptos do magnetismo animal.

Nesta sucessão dos fatos, então por ninguém percebida, acreditavam eles ter uma prova da sua doutrina do fluido magnético, o qual emanava do experimentador, unindo-o ìntimamente ao hipnotizado, sobre o qual o mesmo fluido deveria ter-se derramado. Mas, evidentemente, a demonstração carecia de base sólida e se originava de uma hipótese sem justificativa.

4) — A sugestão, que é um dos fatos mais admiráveis do Hipnotismo, tem-se, em embrião, até nas condições mais normais da vida. Uma ideia, um pensamento que nos fere fortemente, mesmo em plena saúde, pode fixar-se em nosso cérebro, de maneira que, por alguns dias, nos assedie sem descanso, apresentando-se ao intelecto, a propósito e sem propósito, tanto no meio das ocupações mais frívolas, quanto entre as mais graves.

Estamos, pois, acostumados a nos sugestionar de contínuo, quando, por associação de ideias, nos queremos lembrar de alguma coisa.

Pensando em um amigo, faz-se tenção de, ao primeiro encontro, solicitar-lhe um esclarecimento. Passam-se semanas; não mais se pensou na informação a ser pedida. Mas, um dia, quando menos se espera, encontra-se o amigo, e eis que o pensamento da sugestão depressa emerge.

E, se o enfermo, na sugestão hipnótica, às vezes vê, objetivamente, o que, todavia, só existe na sua mente, é apenas por motivo da vivacidade com que a imagem da fantasia se apresenta ao intelecto, fato que, em Patologia mental, tem o seu correspondente na crença da existência real dos objetos das ilusões e das alucinações.

Mas, sugestões ainda mais notáveis se produzem na vida ordinária, quando um grave pensamento nos domina. À noite, ao deitar-se, alguém se preocupa fortemente com o ter de despertar a determinada hora. Pois bem: muitas vezes acontece que, à hora desejada, contra todos os seus hábitos, se encontra desperto, sem saber como, nem porquê.

A diferença entre as sugestões da vida ordinária e as do Hipnotismo consiste na desproporção. E esta, por sua vez, depende da maior vivacidade com que a imaginação, operante no curso do sono hipnótico, em regiões isoladas, é impressionada por imagens particulares, as quais, depois, mesmo no estado de vigília, persistem e se agigantam, por certo tempo, sobre todas as outras.

5) — Quanto ao desdobramento da personalidade, que se dá, por vezes, no Hipnotismo, esse é um fato que também se verifica em muitas outras formas de loucura, ora mais, ora menos completo; ora mais, ora menos profundo. Parece que se prende à cessação da solidariedade entre as funções das diversas zonas do córtex cerebral, e, por isso, dos diferentes centros da imaginação.

De resto, um rudimento desse desdobramento da personalidade se vê no estado de saúde, no sono, durante os sonhos.

Quantas vezes não tem acontecido, a muitos de nós, sonhar haver morrido e assistir, vivo, aos nossos funerais?

Quantas vezes tem sucedido a algum de nós sonhar que se tornou importante personagem, que, por alguma ação, nos louva ou censura, tornando-nos subordinada a ela, e, assim, ficamos desdobrado em duas individualidades distintas?

Isso que se diz do desdobramento da personalidade, diga-se também, e com mais forte razão, da substituição da própria personalidade, pela qual o hipnotizado, como sucede exatamente no sonho, sucessivamente se julga transmudado em várias pessoas diferentes daquela que realmente é: uma mulher, um velho, um menino e até um animal bruto.

6) — A produção, pois, de certos distúrbios orgânicos, que se possam provocar por sugestão, embora constitua um fenômeno bastante estranho, não tem, todavia, nada de incompreensível para quem considere quão grandes e íntimas relações têm, no homem vivo, o físico e o moral, e ainda para quem recorde quão fàcilmente, em seguida a emoções morais, se ativam as secreções do suor, da saliva e da urina, e se exageram os movimentos e as evacuações intestinais.

O estranhíssimo fenômeno da assim chamada transposição dos sentidos, que parece quase tocar o incrível, quando bem averiguado poderia encontrar uma explicação física natural, na esquisita exageração mórbida funcional que, durante o estado hipnótico de sonambulismo, adquirem algumas terminações e algumas fibras nervosas com os correspondentes centros cerebrais, de modo a poderem receber e perceber impressões delicadíssimas de raios luminosos e eflúvios odoríferos, para os quais, em condições comuns, são absolutamente insensíveis. E, enquanto isso sucede por um lado, o fato oposto se verifica de um outro lado: terminações e fibras nervosas, e alguns dados centros cerebrais que, em condições normais, são por natureza destinados a receber e perceber algumas impressões sensoriais, tornam-se absolutamente insensíveis a todas as impressões físicas que deveriam perceber.

7) — Resta aqui dizer dos vários idiomas que, por vezes, se pretende terem sido falados pelos hipnotizados. Se os fatos são verdadeiros, e tais como são narrados, declaramos que saem absolutamente fora da órbita do simples Hipnotismo.

De um caso bem averiguado se encontrou explicação natural, mais do que satisfatória.

Uma jovem, quase iletrada, posta artificialmente em estado de Hipnotismo, começou de improviso a recitar um longo trecho em latim, língua da qual não conhecia uma palavra sequer. A coisa resultou para todos altamente maravilhosa e incompreensível. Mas, depois de poucos meses, soube-se que, algum tempo antes, um tio da moça recitara, certo dia, aquele dito trecho perto do quarto de dormir dela, que então se encontrava enferma. Durante o estado hipnótico, a memória apresentou, com toda a exatidão e vivacidade, à imaginação da jovem, tudo quanto ouvira, uma única vez, alguns anos antes. E porque, analfabeta ou quase, nada compreendera do trecho latino, quando o ouviu, assim também nada compreendeu da mesma tirada oratória quando começou a repeti-la, em estado hipnótico.

Não faltam, na história da Patologia Mental, exemplos congêneres de exaltação temporária da faculdade da memória. E entre esses exemplos é clássico o caso narrado por Michéa e referido pela maior parte dos escritores de Psiquiatria.

Jovem açougueiro, durante um acesso de mania, recitava páginas inteiras da «Fedra», de Racine. Na convalescença, assegurava ter ouvido uma única vez aquela tragédia, e, curado da mania, por mais esforços que fizesse, era-lhe impossível trazer à memória um verso sequer.

Como dissemos, nenhuma das formas de **clarividência** foi jamais demonstrada nos pacientes em estado de Hipnotismo. Porém, se de um dia para outro se conseguisse averiguá-la, encontraria uma explicação, mais do que satisfatória, nas condições físicas, mòrbidamente observadas, pelas quais é hoje possível a visão através de alguns objetos opacos, por meio dos raios Roentgen, ou a transmissão de sinais alfabéticos mediante o telégrafo sem fio, do nosso Marconi.

Anàlogamente se raciocina, na eventual constatação de possível audição, a distância, por parte de alguns hipnotizados.

Por todas as precedentes considerações, julgamo-nos plenamente autorizados a concluir que, no Hipnotismo e nas suas manifestações, se deve ver a expressão de um estado mórbido cérebro espinhal em que nada há de tão inconciliável com outros fatos já conhecidos da Ciência, que se deva julgar contrário ou superior às leis ordinárias da Física biológica.

7) — A especial condição morbosa que constitui o Hipnotismo pode ser permanente ou transitória. Num ou noutro destes dois casos, não é ela sempre notória e manifesta; ao contrário, não raro se conserva em estado de latência absoluta. No primeiro caso, o Hipnotismo constitui sempre verdadeira enfermidade, de sorte que, em tais circunstâncias, alguém a denominou, não sem razão, **Morbo hipnótico** ou **Hipnose**.

No segundo caso, se ela não representa, no rigor da palavra, doença em ação, constitui, pelo menos, uma forte predisposição a determinados distúrbios dos centros de inervação.

Alguns, após observarem que trinta per cento dos indivíduos, instalados nas condições ordinárias da vida, podem apresentar fenômenos hipnóticos, concluíram que o Hipnotismo pode igualmente ser obtido, em grau variável, mesmo em indivíduos perfeitamente sãos (82).

Não podemos subscrever estas conclusões, porque sabemos que os indivíduos sãos não apresentam fenômeno algum de Hipnotismo, salvo quando vítimas de algum distúrbio, ainda que transitório, da nutrição ou da circulação cerebral, ou ainda quando já sob a influência de um estado mórbido do maior centro da inervação.

Por outra parte, observemos: aqueles que tão fàcilmente atestam a sanidade dos pacientes por eles observados, esquecem que muitas alterações nervosas podem coexistir com as mais satisfatórias aparências de saúde, sendo poucos e leves os fenômenos clínicos que as caracterizam, de sorte que passam despercebidos dos próprios pacientes.

Sirva de exemplo a epilepsia, a qual, não raro se exterioriza apenas por algumas leves e fugazes vertigens, por alguma sensação passageira de atordoamento, por algum levíssimo e transitório murmúrio noturno, e que só por exceção, em tais circunstâncias, se manifesta por alguma de suas formas graves, só em especialíssimas condições e quiçá por uma só vez no decurso da vida.

Para nós, pois, o Hipnotismo não pode coexistir com um verdadeiro estado de saúde. E esses indivíduos que, sendo sãos, apresentam fenômenos de Hipnotismo, são verdadeiramente sãos apenas na aparência, ou, pelo menos, antes da invasão do acesso hipnótico, são presa de um distúrbio nutritivo ou circulatório dos centros nervo-

(82) *Liebeault* — "Du sommeil et des états analogues", Paris-Nancy, 1866; "Études sur zoomagnétisme", id., 1833; *Bottey* — "Hypnotisme chez les sujets sains", Paris, 1884; *Brémaud* — "Des differ. phases de l'Hypnotisme", Soc. de Biologie, Abril, 1884; *Skepto* — "L'Hypnotisme et les Religions", Paris-Bordeaux, 1888.

sos, quer este sobrevenha espontâneamente ou irrompa provocado, de algum modo qualquer.

Os mais experimentados observadores aceitam inteiramente este modo de apreciar os fatos (83). E, ainda recentìssimamente, Hirsh (84), que examinou grande número de indivíduos com fenômenos hipnóticos, assegura jamais haver encontrado entre eles um só que se pudesse considerar perfeitamente são. Segundo ele, a opinião de que um indivíduo verdadeiramente normal possa apresentar fenômenos hipnóticos é absolutamente alheia a qualquer fundamento científico e empírico.

9) — As estatísticas nos dizem que, entre os pacientes capazes de apresentar fenômenos hipnóticos, os histéricos estão na primeira plana.

A observação clínica acrescenta três coisas não menos importantes, ou seja: as pessoas histéricas são as únicas nas quais o Hipnotismo pode ocorrer sem excitações exteriores; quem esteve sujeito a repetidos ataques de Hipnotismo não tarda em revelar-se histérico; os mesmos meios com os quais se excita o Hipnotismo são também os que determinam o histerismo. E entre estas causas recordam a hereditariedade, a constituição neuropática, a falsa educação, as violentas impressões psíquicas, não excluindo as induzidas por práticas espiritistas, e mais e mais.

Destes fatos somos levados a concluir que, quase indubitàvelmente, o Hipnotismo é uma das tantas manifestações clínicas do histerismo. Com esta nossa conclusão concorda plenamente o juízo que, da natureza dos fenômenos hipnóticos, fizeram os primeiros observadores,

---

(83) *P. Janot* — "De la suggestion dans l'Hypnotisme", na "Revue Politique et Litteraire", 1884.

(84) *W. Hirsch* — "Die menschl. Verantwortlichkeit und die moderne Suggestionslehre", Berlim, 1886; "Riforma Medica", 1896, n. 2.

assinaladamente Puysegur, Faria e Noiset, e que, sobre os mesmos fatos, emitiram Braid, Azam, e, mais recentemente, Charcot, Pitres, Richer e a maior parte dos mais competentes escritores modernos de Hipnologia.

Já dissemos, em outro lugar, que o Hipnotismo pode ser espontâneo ou provocado. Em quem sofre de Hipnotismo espontâneo, é bastante fácil suscitar o Hipnotismo provocado, porque qualquer pequena causa extrínseca é suficiente, nestes pacientes, para pôr em jogo a atividade morbosa do automatismo daqueles centros cerebrais de que os fenômenos hipnóticos dependem.

Inversamente, pois, o Hipnotismo provocado prepara o caminho para o Hipnotismo espontâneo, ou porque dê o último impulso a uma propensão mórbida muito próxima a tornar-se naturalmente moléstia declarada, ou porque a repetição de certos fenômenos morbosos, em um organismo não bem equilibrado, dê a este, por assim dizer, uma educação pervertida, uma propensão mórbida que, de outro modo, não se teria adquirido.

E' claro de tudo isto que, entre Hipnotismo espontâneo e Hipnotismo artificial, não há linha divisória nítida e precisa, e que, ao contrário, de um se passa insensìvelmente ao outro, de modo que este se pode até misturar e alternar com o primeiro. E' pois manifesto que, nas duas formas morbosas, é idêntica a natureza, como melhor ainda se patenteia pela identidade que já conhecemos das suas manifestações clínicas.

10) — Os pacientes com os quais se obtém o Hipnotismo espontâneo são chamados **pacientes hipnóticos**; aqueles com os quais se pode obter o Hipnotismo provocado têm a denominação de **pacientes sensíveis** ou **pacientes hipnotizáveis**. Mas, por isso que no mais das vezes os pacientes hipnóticos são também hipnotizáveis, e estes em breve terminam sempre por ter acessos de Hipnotismo espontâneo, na prática não nos atemos muito

a esta distinção, e bem frequentemente as duas denominações se usam de modo promíscuo. Disto não resulta prejuízo alguma para a Ciência ou para a prática.

O Hipnotismo se revela clìnicamente com fenômenos determinados, já conhecidos, que se manifestam sob a forma de acessos de frequência variável, de duração diversa, e separados por intervalos de silêncio muito irregulares.

Se o estado anormal da inervação do paciente é inegável, quando os fenômenos clínicos do Hipnotismo estão em curso, um estado anormal não muito diferente é também manifesto, no período intermediário de silêncio. Com efeito, para concluirmos que mesmo então o paciente, as mais das vezes, não se encontra nas condições fisiológicas ordinárias, basta considerarmos que, ainda então, o seu organismo reage de modo singularmente insólito aos estímulos físicos e psíquicos, interiores e exteriores; que a causa mais insignificante consegue fàcilmente determinar, de novo, o aparecimento dos fenômenos característicos do estado nevropático.

Assim como, mesmo fora dos seus acessos, se consideram em condições mórbidas os centros da inervação de um epiléptico, principalmente se persiste algum vestígio do ataque ou dos acessos anteriores — assim também, fora das crises do mal, principalmente se estas são frequentes e deixam após si algum resquício, deve-se considerar enfermo o sistema nervoso de quem apresenta fenômenos clínicos de Hipnotismo.

CAPÍTULO VI

Natureza do Espiritismo e das respectivas manifestações

SUMÁRIO: 1) — Estado mental dos médiuns espiritistas; evoluções históricas do Espiritismo; facilidade com que os Espíritos se adaptam aos gostos dos seus cultores. 2) — Os fenômenos espiritistas, as alucinações e as ilusões; confissão de Lombroso. 3) — O Espiritismo e as charlatanices. 4) — Os embustes nas operações dos corifeus do Espiritismo. 5) — As charlatanices do médium Harry Bastian, descobertas pelos Arquiduques da Áustria. 6) — Os embustes inconscientes; o movimento rítmico de alguns músculos; Agostinho Flint, Maurício Schiff, Luís Concato. 7) — Ventriloquia. 8) — O Hipnotismo nos movimentos das mesas girantes (*). 9) — Precaução necessária nas conclusões sobre a natureza e causa dos fenômenos espiritistas. 10) — Os embustes surpreendidos nas operações de alguns médiuns não provam que, no Espiritismo, TUDO é embuste: as observações de William Crookes não parecem infectadas de embuste. 11) — Inaceitáveis explicações dos embustes atribuídos à médium Eusápia Paladino. 12) — Opinião de dois prestidigitadores sobre alguns fenômenos espiritistas e a possibilidade de uma fraude. 13) — Nenhum dos muitos prosélitos do Espiritismo pôde ou soube indicar o segredo dos embustes. 14) — O movimento muscu-

---

(*) Estudo erudito e completo sobre esta modalidade de comunicação com o Além-túmulo se encontra no livro — *As mesas girantes e o Espiritismo* — de Zêus Wantuil. Edição da Federação Espírita Brasileira. — *(Nota do Tradutor.)*

lar é insuficiente para explicar sempre os ruídos. 15) — A ventriloquia é insuficiente para explicar sempre as vozes. 16) — Insuficiência do Hipnotismo para explicar os movimentos dos móveis e as escritas. 17) — Realidade do Espiritismo e das suas manifestações; estas, porém, são mais escassas e raras do que se diz. 18) — A Ciência deve reconhecer como preternaturais certos fenômenos atribuídos ao Espiritismo; o sobrenatural se impõe, não obstante a nossa ignorância a respeito de outras possíveis forças físicas ora ocultas. 19) — Causa dos genuínos fenômenos espiritistas. Um pouco de Metafísica e algumas ideias de William Crookes. 20) — O Espiritismo e a velha Magia.

1) — Quanto ao Espiritismo, a mente do estudioso fica impressionada por alguns fatos que, agora, convém passar em rápida resenha.

Primeiramente, é coisa provada que o Espiritismo veio importado, para as nossas, de regiões onde o desequilíbrio mental, a excentricidade e o amor ao maravilhoso são coisas muito comuns. A América, a Inglaterra e a França têm, desventuradamente, entre tais regiões, o primeiro lugar. A vida tempestuosa, que nesses países se leva, dá, talvez, a explicação do fato.

Acrescente-se a isso que os médiuns, provocadores ou intermediários dos fenômenos espiritistas, são todos mais ou menos desequilibrados e nevropatas. Eles muito se assemelham aos adivinhos, aos oraculantes e às sibilas da antiguidade, e, por isso, mui adequadamente, os ingleses os indicam, no seu estado, no decurso de suas funções, com o nome de **trance**, que significa passagem para outro estado do ser, — quase por significar que, nessas condições, são inconscientes invadidos, e, por esse motivo, doentes e irresponsáveis. Mas isso não é tudo.

A história do Espiritismo apresenta uma fase evolutiva progressiva que não se ajusta com a franqueza que deveriam apresentar as manifestações de seres superiores.

Os Espíritos teriam principiado a manifestar-se com rumores precedidos da produção de fenômenos mecânicos ou biológicos, seguida, por sua vez, de correspondências escritas ou faladas, primeiro com o auxílio de médiuns, depois diretamente, ora com meios, ora sem meios apropriados, e completada, afinal, pelas aparições e pelas materializações.

Estas aparições e estas materializações, a princípio, se mostraram a Crookes absolutamente refratárias à fixação sobre chapas fotográficas, e, mais tarde, ao próprio Crookes e a inúmeros outros se tornaram perfeitamente suscetíveis de serem fixadas e reproduzidas pela fotografia.

Em tudo isso, há estranhezas. Dir-se-ia que os Espíritos tiveram quase que estudar, eles próprios, os meios de se manifestarem e de se aperfeiçoarem no emprego dos mesmos, com ensaios em família, no mundo do Além.

Mas, poderia também ser que os Espíritos houvessem julgado prudente manifestarem-se pouco a pouco, para manter viva a curiosidade dos homens, para não alvoroçarem excessivamente os corações tímidos, e para não subjugarem a generalidade com a demasiada quantidade das maravilhas de que são capazes.

Outro fato, não menos surpreendente, é a facilidade com que, nos seus gostos, os Espíritos sabem adaptar-se aos dos seus devotados cultores. Qual a antiga Pitonisa que, ao dar o seu oráculo, tomava o partido do rei Filipe — assim também hoje os Espíritos tomam partido pelas opiniões professadas por quem os consulta: pios, com as pessoas pias; amorosos, com quem ama os seus entes caros; políticos, com os politicantes; negocistas, com os negociantes; doutos, com quem ama a erudição; levianos, com os folgazões; vulgares e grosseiros, com o vulgo.

Por esta razão, na Inglaterra, os Espíritos são cépticos, discursadores, sagazes; na Alemanha, místicos, especulativos, transcendentes; na França, libertinos, generosos, descuidados, frívolos; nos Estados Unidos Americanos, são positivos, dogmáticos, ousados, e proclamam a Metempsicose; enquanto que, em outros lugares, especialmente entre nós, na Itália, se declaram panteístas, ateus, materialistas.

Entre os Mormons e no Utah, aprovam e exaltam a poligamia, enquanto, alhures, declaram lícito e obrigatório o aborto voluntário, lá comumente praticado (*).

Na Rússia, celebram, com grandes louvores, a religião ortodoxa, e encorajam, ao mesmo tempo, a propaganda niilista. Na Espanha, ao invés, fazem votos para que todas as sociedades espiritistas se unam e incorporem à Maçonaria, assegurando que o Espiritismo tem de comum com ela os intuitos, os princípios e as máximas fundamentais das suas doutrinas.

Se em alguma coisa os Espíritos estão concordes em toda a parte, é ùnicamente em vituperar a religião Católica Romana, da qual, se não preferem calar de todo, não há mal que dela não digam.

Diante destes fatos, surge natural a dúvida de que, no Espiritismo, se possa tratar ou de alucinações, de ilusões, ou, então, de intrujices. Os sábios acreditaram explicar o Espiritismo e as suas singulares manifestações com uma ou outra destas duas suposições.

2) — Mas, podemos nós admitir que no Espiritismo tudo se reduza a alucinações e a ilusões? Não, sem dúvida. Porque é absurdo admitir que, quanto nos vem narrado, concordemente, pelos escritores de todos os tempos, da mais remota antiguidade até hoje, e pelos historiadores das mais diversas nações do Globo, quer sejam bárbaras ou civilizadas, em torno da possível co-

(*) Metempsicose, aborto voluntário, etc. etc., não são admitidos pelo Espiritismo. Ver "O Livro dos Espíritos", de Allan Kardec. — *(Nota do Tradutor.)*

municação dos homens vivos com os seres imateriais superiores — seja tudo inteiramente produto de mentes enfermas.

Não é, com efeito, crível que, sobre ponto tão importante, os mais eminentes homens, de todos os tempos e de todos os lugares, tenham tido ilusões ou alucinações do mesmo gênero e modeladas, mais ou menos, pelo mesmo molde. E não é menos absurdo admitir que, pelo decurso de quase meio século, um elevado número de pessoas, quase nossas contemporâneas, nas diversas partes da Terra, em períodos diferentes de idade, de várias condições pessoais e desiguais graus de cultura mental — haja sido vítima do mesmo gênero de alucinações e de ilusões, diante da constante repetição de certos fatos.

Que, entre os que praticam o Espiritismo, prevaleça grandemente o número de nevropatas, isso quer dizer apenas que estes pacientes são, mais do que outros, atraídos a tais práticas, pelo amor ao maravilhoso, quando não, que os admiráveis fenômenos, observados por mentes não preparadas e não temperadas para certas surpresas, podem ter, por efeito final, uma perturbação do sistema nervoso, mesmo em indivíduos suficientemente sãos.

O Prof. Lombroso, com todo o seu cepticismo, depois de haver recentemente (1892) assistido, em Milão, a algumas sessões espiritistas de Eusápia Paladino, foi constrangido a dizer a alguns amigos:

— «Depois desta outra experiência, vou-me embora, porque sinto que ficaria louco. Tenho necessidade de repousar o espírito.» («Osservatore Cattolico», jornal, 23-24 de Setembro de 1892.) (*)

(*) Leia-se a obra "Hipnotismo e Mediunidade", publicada posteriormente por Lombroso. — *(Nota do Tradutor.)*

Além disto, o deslocamento ainda não refeito dos móveis, devido à passagem instantânea dos objetos de um para outro lugar, de uma casa para outra, e constatado por pessoas chegadas quando já estava terminada a experiência, ou no dia seguinte ao da reunião, prova, sem dúvida, que tudo não pode ser ilusão ou alucinação.

Por último, não se pode admitir que tenham sido vítimas de ilusões ou alucinações os aparelhos físicos de registro com que Crookes constatou a realidade dos fatos observados, e muito menos as chapas fotográficas com que ele procurou reproduzir certos fenômenos e que, a princípio, ora sim e ora não, se mostravam sensíveis às impressões luminosas refletidas pelos objetos fixados.

Ainda que se admita que as ilusões e as alucinações podem explicar algum episódio isolado do Espiritismo, certo é que os próprios fatos patológicos não oferecem a chave de tudo.

3) — Eliminada deste modo, pelo menos em grandíssima parte, a sedutora hipótese das ilusões e das alucinações, nós aqui perguntamos: Será crível que, no Espiritismo, o que não possa ser explicado pelas ilusões ou pelas alucinações, deva atribuir-se inteiramente ao charlatanismo?

Ao falarmos anteriormente da realidade objetiva dos fenômenos espiritistas, demonstrámos implìcitamente que semelhante hipótese não pode ser admitida, nem quanto à existência dos fatos, nem quanto às narrações que deles se fazem. Da mesma nossa opinião, a este respeito, é também o Prof. Carlos Richet, o qual, na «Revue Philosophique» (Setembro de 1895), diz repugnar que «pessoas distintas, que têm situação social e científica superior, de moral que parece estar acima de qualquer suspeita, se tenham combinado, em todas as partes do mundo, para narrar fatos mentirosos e impingir deslavadamente imposturas, sem interesse ou vantagem. Sem cair em evidente exageração de cepticismo, não se pode supor que, no Espiritismo, existam apenas fraudes e mentiras».

Se, pois, no Espiritismo, há charlatanices, estas se poderão encontrar apenas nos meios onde alguém, no intuito de ganho, ou por outro motivo, tenha interesse em provocar os maravilhosos fenômenos de um pseudo-espiritismo.

E' inegável que o Espiritismo se presta, mais do que o Hipnotismo, às fraudes e aos embustes, especialmente quando as suas manifestações ocorrem no meio de pessoas ignorantes e dispostas a aceitar por verdades as mais grosseiras mistificações, coisas estranhas e inverossímeis. E é também inegável que, mesmo para os seus mais zelosos patrocinadores, deva ter sido sempre bastante forte a tentação de tirar partido do Espiritismo, com intuito de lucro. Não é, portanto, inverossímil que, quando o número de médiuns começou a multiplicar-se, alguns deles tenham querido ter sobre os outros uma supremacia que julgavam lhes fôsse permitida, em razão da prioridade, ou que consideravam proveitosa aos seus interesses. E se, para conseguir ou conservar tal preponderância, vissem que lhes era necessário recorrer às charlatanices mais vulgares, não é improvável que, a meios desse gênero, hajam longa e largamente recorrido os médiuns que, gozando de maior renome, sabiam poder melhor contar, com segurança, com o fascínio moral a ser exercido sobre o público ante o qual mostravam os seus portentos.

4) — Para demonstrar que assim haja sido realmente, tem-se sabido que, em muitos lugares, estrepitosas manifestações espiritistas foram imediatamente interrompidas, tão logo as autoridades públicas intervieram no caso, ou quando algum interessado rodeou o teatro dos acontecimentos de especial vigilância, ou quando de

uma localidade foi afastada a pessoa tornada suspeita de ser a provável autora dos fenômenos observados.

Quanto às irmãs Fox, a voz pública, **no fim** da sua carreira, em **algum lugar**, não deixou de acusá-las de artifício (*).

Dunglas Home, ao declinar do seu apostolado espiritista, logo após seu casamento com uma inglesa rica, teve reveladas algumas trapaças na evocação dos mortos, descobertas pela sagacidade do romancista Eugênio Guinot, do cançonetista Nadaud e do General Baraguay d'Hilliers.

Foi dito que os prodígios dos irmãos Davenport foram — em grande parte — tidos como truques de prestidigitação, por um prestímano (Robin) mais hábil do que eles.

E do fotógrafo Buguet, que dizia fotografar as sombras dos parentes dos seus fregueses, proclamou-se ter sido ele, também, comprovado autor das mais vulgares espertezas, segundo processo instaurado em Paris, a 16 de Junho de 1875, e que terminou pela condenação.

Mas, não se deve esquecer que, bem frequentemente, se tem obtido a interrupção das manifestações espiritistas, alterando-se ou destruindo-se violentamente as condições indispensáveis à sua produção, e que a acusação de fraude contra **alguns** médiuns não só se referem a **poucos** fatos especiais, mas foram, no mais das vezes, lançados e admitidos sem nenhum controle sério e científico. E, em vez de se aproveitar a ocasião propícia de estudar a fundo certos fenômenos singulares, talvez se acreditasse mais cômodo e mais oportuno deixar passar tudo em silêncio, a fim de que a imprensa não mais cogitasse de tais fatos, ou oferecendo aos repórteres in-

---

(*) O caso das irmãs Fox e outros que Lapponi cita, linhas abaixo, são minuciosamente explanados no livro "As Mesas Girantes", de Zêus Wantuil. — *(Nota do Tradutor.)*

formes inexatos, contraditórios ou sem qualquer autenticidade séria.

Acrescente-se a isto que mesmo o clamoroso processo contra o fotógrafo Buguet, que, para cúmulo do ridículo, se pretendeu atribuir aos Jesuítas, talvez não passasse de inqualificável mistificação, por isso que, se dos depoimentos das testemunhas resultava que, por vezes, Buguet havia recorrido à fraude — resultava igualmente que, muitíssimas outras vezes, agira com perfeita lealdade.

Não parece, pois, que o processo tivesse sido instaurado e conduzido a termo com o intuito de conhecer toda a inteira verdade, porque, enquanto, durante os debates, foram mostrados às testemunhas os aparelhos com que se pretendia havê-las Buguet enganado, jamais se convidou judicialmente o fotógrafo a reproduzir, ante suas vítimas, as supostas operações burladoras.

E, por último, pareceu estabelecido que as confissões de fraude foram extorquidas a Buguet, sob ameaças e promessas, porque, pouco depois de três meses da sua condenação em Paris, expediu ele, da Bélgica, onde se refugiara, ao Ministro da Justiça da França, uma grave retratação-protesto, redigida em presença de testemunhas e do chanceler da Legação Francesa, com a data de 27 de Setembro de 1875.

Que confiança se pode conceder, pois, a certas contendas?

5) — Em nossos dias, teve grande repercussão a descoberta das intrujices espiritistas do célebre médium Harry Bastian, feita pelos Arquiduques Rodolfo e João, da Áustria. Desejosos de ter conhecimento pessoal dos fenômenos espiritistas, que sempre reputaram simples agilidades de prestidigitação, os citados arquiduques, por intermédio de um corifeu do Espiritismo na Áustria, o

Sr. Lázaro, Barão de Hellembach, convidaram Harry Bastian para ir a Viena, no inverno de 1884.

Estes deram ante os arquiduques, a 17 e 30 de Janeiro, duas sessões, que geraram graves suspeitas no ânimo dos augustos espectadores. Os príncipes, por isso, pediram ao médium uma terceira sessão, que foi aprazada para 11 de Fevereiro seguinte.

Era sua intenção surpreender, no meio desta experiência, as realizações do médium e verificar se havia essas imposturas de pelotiqueiro que eles suspeitavam. E, para isso, dispuseram as coisas de modo a poderem, de repente e por meios apropriados e mecanismos ocultos, fechar a porta do gabinete em que o médium dizia descansar adormecido, enquanto os Espíritos faziam suas aparições.

Na noite da experiência, começaram os sons, viram-se cintilações, ouviram-se pancadas, e vieram finalmente as materializações, que eram o forte de Bastian. No instante em que uma figura branca e bem desenhada transpõe o limiar do gabinete, dentro do qual, sobre uma poltrona, devia estar Bastian, em letargo, conforme fôra visto, em pessoa, momentos antes, pelos dois arquiduques — estes, que seguravam nas mãos as pontas das cordas destinadas a pôr em ação os adrede preparados mecanismos, deram a elas forte empuxão. Funcionam as molas e os batentes das portas se fecham ruidosamente por detrás do fantasma, cortando-lhe toda retirada. Este, surpreendido, procura afanosamente, mas em vão, forçar a porta que se fechara. Saltam-lhe em cima os dois arquiduques, que lhe arrancam do corpo as vestes, e, ante todos os presentes, se vê que o fantasma era o próprio médium Harry Bastian que, vendo-se pilhado, começou a tremer, qual folha de árvore. Os príncipes tiveram comiseração, e gentilmente lhe asseguraram estar tudo terminado, e nada ele devia temer.

Foi feito processo verbal, assinado por todos quantos assistiram à divertida assembleia. Pouco depois, pelo próprio Arquiduque João, foi dada a público uma narrativa do caso.

Desta narração, em breve se fizeram traduções, em vários idiomas, e a tradução italiana, publicada em Florença, em 1884, forma pequeno volume, em 16, de 119 páginas, e se deve à pena do Sr. Francisco Busi.

Não pode haver dúvida, portanto, de que, entre os maravilhosos fenômenos do Espiritismo, haja grosseiras e vulgares trampolinices de pelotiqueiros de arraial. Mas, também, no caso de Harry Bastian, é bom ter presente que, até depois da descoberta da mais culpada de suas fraudes, ficou sendo um mistério o modo pelo qual pôde conseguir informes íntimos e secretos cuja revelação encheram de espanto os ilustres espectadores, a cujas famílias e a cujos antepassados se referiam.

6) — Alguns doutos que têm examinado fenômenos particulares do Espiritismo asseguram que, às ilusões, às alucinações e aos charlatanismos vulgares, se juntam, além disso, astúcias inconscientes, realizadas de boa fé pelos médiuns, e sem que estes suspeitem de que modo se geram as maravilhas consumadas com o seu subsídio. Estas burlas inconscientes se refeririam especialmente aos ruídos e aos golpes, que se atribuem dados pelos Espíritos, e às rotações dos móveis.

Quanto aos ruídos e às pancadas, dos quais se pretendia fôssem responsáveis os Espíritos, o Dr. Agostinho Flint, professor na Universidade de Búfalo, na América, e o Prof. Maurício Schiff, adido ao Instituto Superior de França, demonstraram que certos sons surdos, muito semelhantes a golpes secos de martelo, podem ser produzidos pela contração rápida de certos músculos, não revelada por nenhum movimento exterior do corpo.

Contrações deste gênero também podem ser produzidas, voluntàriamente, em músculos isolados. Quando são espontâneas, verificam-se mais especialmente no músculo perônio longo lateral, cujo tendão, chocando contra a rótula ou contra a superfície óssea da fíbula, determina ruídos bastante fortes para serem ouvidos a alguma distância.

O Dr. Schiff, que chegara a tornar-se habilíssimo neste singular exercício, fazia ouvir, a seu arbítrio, ruídos sucessivos e regulares. Enquanto executava esses movimentos, conservava-se de pé ou permanecia estirado em pequeno leito, com ou sem calçado.

Se, entretanto, um espectador aplicava a mão sobre o maléolo externo do pé, podia sentir e identificar as contrações do músculo longo peronial lateral.

A 18 de Abril de 1859, o Dr. Schiff demonstrou, nele próprio, a realidade e o mecanismo do mencionado fenômeno perante a Academia de Ciências de Paris. Depois desta comunicação de Schiff, verificou-se clìnicamente que o fenômeno se pode produzir tanto voluntária quanto involuntàriamente. E eu mesmo posso atestar haver observado um caso desta última espécie na clínica do Prof. Luís Concato, em Bolonha, em 1873, em uma jovem coréica, que, por uma contração rítmica involuntária do músculo longo peronial lateral, dava lugar, automàticamente, a ruídos surdos, aproximados e equidistantes, por todo o tempo que durava a sua vigília. No sono tudo cessava, porque, como sói acontecer na coreia, cessavam também os movimentos rítmicos involuntários dos músculos.

Ilustrando o caso clínico, o Prof. Concato não deixou de recordar a interpretação dada por Schiff a certos ruídos atribuídos aos Espíritos.

Outro fato que não tardou a verificar-se, especialmente por obra de Velpeau e de Cloquet, foi que ruídos análogos, com mecanismo congênere, se podem produzir também com outras partes do corpo: as espáduas, os cotovelos, os quadris, o lado interno do pé e com a região lombar da coluna vertebral.

O Dr. Agostinho Flint diz, mas **não prova**, ter surpreendido e demonstrado este mesmo mecanismo gerador nos ruídos suscitados pelos primeiros médiuns americanos, as irmãs Fox, em Rochester.

E' evidente que ruídos especiais possam produzir-se com o mecanismo indicado por Schiff, sem que disso se tenha consciência, e nada mais lógico do que admitir, ao lado dos embustes espiritistas voluntàriamente praticados, o acréscimo de outros ruídos, não só involuntários, mas até inconscientes. E seriam estes mais especialmente que levariam os ingênuos a atribuir aos Espíritos o que é, em realidade, fruto de um fato singular biológico, muitas vezes involuntário e inadvertido.

7) — Quanto às vozes que não raro são ouvidas nas reuniões espiritistas, é admitida por provada a possibilidade da intervenção de algum médium ou de algum comparsa ventríloquo. Sabe-se, com efeito, que os ventríloquos, ainda que parecendo calados, podem fazer ouvir vozes misteriosas, que não mostram de onde vêm, mas partem do seu corpo, a arbítrio deles, e se produzem, deliberadamente, por um mecanismo fisiológico individual ainda não completamente elucidado.

8) — Quanto às mesas girantes e dançantes, disseram alguns cientistas que, entre as pessoas que formam a **cadeia**, pode haver alguma que, por efeito de prolongada atenção e do vivo desejo pelo esperado fenômeno, caia, ao menos momentâneamente, em Hipnotismo.

A pessoa posta nesse estado, por não ter outro pensamento que a ideia fixa da rotação do móvel, imprime inconscientemente a este o movimento, e o móvel cede e se arremessa, pois é sabido que, no estado de Hipnotismo, o indivíduo pode despender considerável força.

Apenas se manifesta um aceno de movimento mecânico de propulsão, as pessoas que formam a **cadeia** súbito se erguem e acompanham o movimento inicial, de modo que o secundam, julgando segui-lo apenas.

Entretanto, o indivíduo, causa involuntária e inconsciente do fenômeno, apenas dado o impulso, volta de imediato a si, e, porque não conserva recordação alguma do que operou na condição de Hipnotismo, ignora, ele próprio, o que fêz, e repele toda pecha de trapaça que lhe queiram atribuir.

Ainda nos fenômenos das mesas girantes e dançantes só se deveriam ver, portanto, segundo alguns doutos, espertezas involuntárias, e talvez mesmo inconscientes, mas, nem por isso, destituídas do caráter de embuste.

Tais conclusões, em torno da interpretação dos fenômenos espiritistas, estão resumidas no Relatório que, a 21 de Março de 1876, apresentou à Sociedade Física da Universidade de S. Petersburgo uma Comissão por ela nomeada para examinar o estado do assunto.

A Comissão excluiu a realidade de muitos dos fenômenos descritos; explicou outros, pelas ilusões, alucinações e artifícios comuns dos prestímanos; para alguns, admitiu a impostura, quiçá involuntária e inconsciente, e, para as mesas girantes e dançantes, deu, pouco mais ou menos, a explicação que acima referimos.

9) — Mas, poderemos concordar com semelhantes juízos, por serem emitidos por pessoas eminentes e por muitos motivos respeitáveis?

A mim me parece que não, principalmente se não quisermos esquecer quão pouco foi aceito, no passado, pelas mais altas personalidades científicas, quando tiveram de sentenciar a respeito do Hipnotismo.

Estas, com efeito, em Relatórios elaborados, que ainda se conservam nos arquivos da Ciência, e entre os quais merecem especial lembrança os de Bailly, em 1784, de Dubois d'Amiens, de 1837, e de Double, de 1840, à

Academia de Medicina de Paris — julgaram falsidade e embuste tudo o que a ele se refere.

Mas, não obstante isso, o Hipnotismo seguiu o seu caminho e se afirmou, em nossos dias, como sendo uma das mais importantes conquistas científicas modernas.

E, em 1752, a Sociedade Real das Ciências, de Londres, não acolheu com desprezo as cartas sobre eletricidade, que lhe foram apresentadas por Benjamim Franklin, o inventor do pára-raios, julgando-as até indignas de figurar nas atas?

E, em 1802, não viu, Roberto Fulton, os cientistas da França repelirem, por absurda, a sua ideia de aplicar aos barcos a força motriz do vapor?

10) — Relativamente à gênese dos fenômenos espiritistas, parece-nos manifesto que, se, às vezes e especialmente em certos casos clamorosos, foram eles produzidos com artifícios mais ou menos grosseiros de pelotiqueiros — isso não basta para autorizar a concluir que outro tanto se deva dizer, indistintamente, de todos os casos.

Quantas não são as coisas humanas às quais se misturam o charlatanismo, as fraudes, os enganos? Também a Medicina tem seus charlatães; a Ciência possui os seus falsos apóstolos; os próprios Bancos têm os falsificadores dos seus títulos de crédito.

Mas, porque em todas estas coisas há adulteração da verdade, poderíamos concluir que tudo nelas é falso?

A propósito do Espiritismo, esta dedução de falsidade seria estranhamente ilógica e inadmissível, especialmente se se considerar que, em muitíssimos casos, os fenômenos espiritistas se produzem com o subsídio de médiuns ignorantes, ingênuos, não raro fátuos, e, às vezes, imbecis, senão deveras cretinos.

Se alguns dos que tratam de Espiritismo têm procurado tirar partido dele, com intuito de lucro, ou de transformar as experiências em divertimentos de salão, com alguma surpresa burlesca ou ridícula — certamente não se tem dado o mesmo com o maior número desses vários milhões de indivíduos para os quais as práticas do Espiritismo são familiares e consideradas atos sagrados.

Para maior apoio desta afirmativa, convém lembrar que, até agora, ninguém se atreveu a acoimar de trapaças as manifestações espiritistas observadas e experimentalmente controladas por Crookes, com o auxílio de seus médiuns verdadeiros, e assinaladamente aquelas referentes à famosa hindu Katie, obtidas por intermédio da Srta. Cook.

O mesmo se pode dizer das admiráveis aparições observadas pelo Prof. Richet e por outros seus colegas, e aquelas já descritas de há muito com o nome de **Telepatia**.

A isto devemos acrescentar uma importante notícia, dada pelo Conde Adolfo Polinski, em uma Conferência realizada em Leipzig e publicada, por O. Mutze, em 1872. A notícia é esta:

O célebre materialista Luís Buchner teve de renunciar, em Nova Iorque, ao prêmio de 10.000 dólares, legalmente oferecidos e depositados por uma Sociedade americana, caso fôsse capaz de descobrir e demonstrar a fraude e a insubsistência de certos fenômenos espiritistas.

E vale ainda recordar também a oferta de 30.000 francos, inùtilmente feita, a 1 de Outubro de 1868, em Cliston, pelo Prof. João Damiani, aos professores Tyndall e G. H. Leves, se conseguissem demonstrar, com fatos, a falsidade ou a fraude em dados ensaios de Espiritismo.

Os dois adversários de Damiani, postos em apuros, preferiram abandonar o terreno.

11) — Além disso, é bom observar que os Relatórios publicados a respeito das famigeradas descobertas dos artifícios de alguns médiuns se referem, no mais das vezes, a — **alguma** — das suas múltiplas e maravilhosas operações, e silenciam, quase absolutamente, a respeito de todo o resto. E, como se isso fôsse pouco, os citados Relatórios dão, das mesmas fraudes, explicações que estão bem longe de serem satisfatórias, indicando particularidades e mecanismos absolutamente impróprios para a produção de qualquer fenômeno dessa espécie.

Assim, para citar apenas um exemplo: dos Relatórios publicados não se consegue compreender que Eusápia Paladino, sem aparelho algum, enquanto em um divã, pelas mãos e pelos pés mantida segura, pudesse, ante a «Physical Research Society», de Londres, fazer soar instrumentos, beliscar pessoas distantes, sacudir cortinas das janelas e remover pesadas mesas, tudo como, há pouco, tiveram coragem de publicar alguns jornais ingleses — negadores do Espiritismo.

Falou-se que a Paladino, com adequada contorção de uma das mãos e de um dos pés, conseguira fazer crer, quando na penumbra, às pessoas instruídas, destras e precavidas que a vigiavam e a prendiam, segurando-lhe os dois pés e as duas mãos, que, em realidade, retinham em seu poder apenas um dos pés e uma das mãos. Não me parece crível que se deixem cair em tão grosseira cilada pessoas como essas ante as quais a Paladino agia.

Mas, ainda que assim fôsse, a mulher, para realizar seus prodígios, tinha à sua disposição apenas uma das mãos e um dos pés, pois que a outra e o outro estariam seguros pelos controladores.

Pois bem: para fazer as coisas admiráveis que ela fazia, não seriam suficientes só uma das mãos e só um dos pés, e sim que muitos cooperadores, com ela, armassem um mau logro aos circunstantes, ou que ela tivesse os 100 braços de Briareu, ou que, ao menos, os seus membros pudessem alongar-se alternativamente e encurtar-se qual os tentáculos de um polvo.

Que crédito, portanto, se pode prestar a certas demonstrações de descobertas de fraudes? As pretensas descobertas dos embustes espiritistas deverão ser sempre consideradas como verdade?

12) — De resto, no Espiritismo há fenômenos que nenhum artifício de escamoteador, nenhum ardil poderá reproduzir. O prestímano M. J., do Teatro Roberto Houdin, declarou ser impossível que o acaso ou a habilidade cheguem a reproduzir muitos dos maravilhosos efeitos do Espiritismo. E Bellachini, prestidigitador da Corte de Berlim, declara absolutamente impossível a imitação da mór parte dos fenômenos espiritistas, por meio da arte da prestidigitação.

13) — Acresça-se a isso que muitos falaram de fenômenos espiritistas reproduzíveis com artifícios de prestímanos, mas ninguém jamais indicou quais sejam tais artifícios. E' crível que, entre tantos iniciados nos mistérios espiritistas, sem vínculos de juramento ou de promessas, nenhum haja sentido náuseas de certas charlatanices, e não tenha tido nunca a tentação de tudo revelar ao público?

E' crível que nenhum dos muitos iniciados haja, em tempo algum, suspeitado que, com essas revelações, poderia alcançar uma boa fonte de lucros, e que tenha, sempre e em todas as oportunidades, repelido de si a tentação de proporcionar-se, por esse modo, honestos ganhos bem longe de serem desprezíveis?

Recentemente, com intuito de lucro, Leo Taxil, Margiota e outros não duvidaram — na certeza de serem, mais dias menos dias, tidos por despudorados mentirosos

— em arquitetar colossais patranhas, propalando entre o bom público mentirosas revelações dos mistérios maçônicos.

Como é que nunca nenhum desses, que estão ao corrente dos segredos e das trapaças espiritistas, pensou ou se resolveu a fazer revelações sinceras, ante a certeza meridiana, não só de fama e dinheiro, mas igualmente do aplauso de todos os homens bons e honestos?

Por último, é crível que os muitos que, na intimidade da família, cultivam as práticas do Espiritismo queiram enganar-se a si próprios, recorrendo a mecanismos e artifícios para obter efeitos que atribuiriam aos Espíritos, sabendo e conhecendo que tais efeitos eram produto da sua mais explícita e deliberada vontade, por meio de expedientes que nada têm de recônditos e misteriosos?

E' crível que, desejando interrogar, com toda a seriedade, o Espírito evocado de alguma pessoa querida, aceitem escarnecer de si mesmos, com as respostas caóticas, estólidas, disparatadas, sórdidas, obscenas, ímpias, fora de propósito, — dos chamados Espíritos enganadores ou perversos, os quais, como frequentemente acontece, se sub-rogam aos outros?

Isto me parece tão absurdo, que, só por esta razão única, não duvido em afirmar que não se pode admitir que os fenômenos do Espiritismo sejam, sempre, produto das alicantinas e das fraudes dos médiuns e de seus comparsas.

14) — Relativamente, pois, às astúcias, conscientes ou inconscientes, dos ruídos, apraz observar, pelo que sei por meu conhecimento pessoal, graças ao caso observado na clínica do Prof. Concato, — que esse som dos ruídos é tão surdo que não se pode decerto confundir com os golpes de martelo, claros e distintos, que se ouvem, nas sessões espiritistas, dados nas mesas, paredes, nos móveis e em outros pontos.

É, pois, de notar que, ainda mesmo aceitando, para gênese desses ruídos, as contrações rítmicas, voluntárias ou involuntárias de algum músculo, nunca se poderia explicar como, permanecendo o médium no seu lugar, os golpes se ouvem ora à direita, ora à esquerda, ora do pavimento, ora do teto.

Aqueles que tudo pretendem explicar dizem que, na semi-escuridade, é fácil confundir a direção de origem dos ruídos.

Tão pouco plausível é esta explicação, que qualquer o compreende fàcilmente, quando a experiência se prolonga por algum tempo, sem que eu necessite pô-la em destaque. Além do mais, as experiências espiritistas se fazem hoje em todos os ângulos do mundo, e por toda a parte se ouvem os ruídos e as pancadas, enquanto que as pessoas que apresentam o singular fenômeno das contrações rítmicas, voluntárias ou involuntárias, são extremamente raras.

Talvez a aptidão para estas contrações se pudesse adquirir por sugestão, mas isto está bem longe ainda de ser demonstrado. E porque pela sugestão só se consegue o que se conhece, aceitar que, por sugestão, se possa obter aptidão para os movimentos musculares em questão, pressupõe o conhecimento de um mecanismo fisiológico que, por isso mesmo, nunca poderia ser nem involuntário, nem inconsciente. Por fim, nas sessões em que os ruídos se ouvem, partidos de pontos diferentes e opostos, os sugestionáveis à produção de ruídos deviam, com aquele artifício, constituir a mór parte dos assistentes, enquanto que, em semelhantes reuniões, é raro haja mais de um médium.

15) — A ingenuidade da hipótese da intervenção dos médiuns ou de outros indivíduos, ventríloquos, para explicar a gênese das vozes que muitas vezes se ouvem, nas reuniões espiritistas, não pode deixar de ser inad-

missível para quem saiba quanto são raros os que apresentam o fenômeno da ventriloquia, e para quem refletir que nenhum ventríloquo pode produzir, ao mesmo tempo, várias vozes, de timbres diversos, provenientes de pontos também diversos e muitas vezes opostos de um recinto, e talvez mesmo exprimindo coisas diferentes e contraditórias, como não raro se verifica nas assembleias espiritistas.

16) — As explicações que os doutos apresentam, quanto às mesas girantes e dançantes, a mim me parecem absolutamente pueris e indignas de quem as formulou. São, de fato, palavras nebulosas e que, a meu ver, nada encerram de positivo. Em todo caso, ainda que verdadeiras fôssem, poderiam valer, quando muito, para aquelas experiências nas quais a mesa se move enquanto os espectadores mantêm as mãos sobre ela, mas não para as em que as mesas continuam movendo-se ainda quando ninguém mais as toca, exceto, quiçá, o médium.

As citadas explicações são totalmente falazes e isto se prova com o que referem os experimentadores: não haverem impulsionado a mesa, e sim terem sido arrastados, sem que se pudessem afastar da mesma, ainda querendo fazê-lo, como acontece a quem tenha seguros nas mãos os reóforos de máquina elétrica, em funcionamento, e que, mesmo desejando libertar-se, não conseguirá abrir as mãos para os deixar cair.

Mais diretamente o demonstra a experiência realizada por Crookes que, juntamente com outras testemunhas, viu, diversas vezes, mover-se e levitar do solo uma pesada mesa, em redor da qual se fizera **cadeia** por cima de uma série de cadeiras colocadas em círculo no beiral da mesma, com os assentos voltados para fora, sem que a mesa fôsse, sequer de leve, tocada por alguém.

De resto, a interpretação dos impulsos dados às mesas girantes, fraudulenta ou inconscientemente, em estado de fugace hipnose, não se pode absolutamente aplicar às experiências feitas com mesas pesadíssimas, sobrecarregadas ainda com o peso de várias dezenas de quilos, postas, portanto, na total impossibilidade de serem movidas, deslocadas, levantadas mediante esforços de uma só pessoa, e muito menos de uma isolada mão ou de um isolado pé.

Quanto às conclusões da Comissão encarregada pela Sociedade Física da Universidade de São Petersburgo, parece-nos não se possam considerar muito atendíveis, seja porque as experiências de onde as deduziram foram realizadas com prevenções manifestamente hostis, pela rivalidade nacional, pela má vontade contra dois denodados cientistas locais (Wagner e Butlerow), declarados crentes no Espiritismo; seja porque os médiuns escolhidos não foram dos mais aptos e leais; seja porque as experiências não se realizaram em número e da forma antes convencionada; seja porque, aos primeiros insucessos, houve desistência (contrariando condições prefixadas) de toda investigação ulterior; seja porque as atas foram redigidas muito arbitràriamente, excluindo algumas testemunhas que nela deviam figurar; seja, enfim, porque contra as próprias experiências e os textos das atas se elevaram veementes protestos da parte de Wagner, Butlerow, do Conselheiro de Estado, Aksakof, do antiespiritista V. Markof, de Blavatsky e de muitíssimas outras pessoas respeitáveis e cultas da Rússia. A Comissão deixou tais protestos sem sombra de resposta e não se dignou, ao menos, inseri-los, à guisa de documentos para a História, em anexo ao Relatório dos seus claudicantes trabalhos.

No que concerne às escritas, o estado hipnótico inconsciente pode ser, quando muito, invocado para explicar certas comunicações obtidas com diferentes caligrafias pelas mãos de alguns médiuns. A substituição da personalidade operada por sugestão, assim como pode fazer mudar o modo de falar, poderia fazer mudar a maneira de escrever.

O caso de que fala Charcot seria um exemplo desta possibilidade.

Diga-se o mesmo das escritas que se encontram, passados dias, em caixinhas onde fôra posto um papel em branco, visto que nele se poderia ter escrito, inconscientemente, durante um acesso de sonambulismo.

Lembremos, porém, que estas mesmas possibilidades não mais se podem admitir quando, como no caso dos faquires indianos, o escrito contenha conhecimentos superiores aos conhecimentos do escrevente, em especial se são desenvolvidos em forma de raciocínios coordenados em idiomas desconhecidos, jamais ouvidos ou entendidos, e dos quais se ignora todo o mecanismo gramatical.

Em qualquer caso, pois, será sempre sobremodo difícil demonstrar que o estado hipnótico é responsável pelo acontecimento, e será sempre bem difícil convencer que nenhum outro elemento, de espécie diferente, pôde entrar na sua gênese.

Assim, evidentemente, nem o estado hipnótico, nem os artifícios de vulgares pelotiqueiros podem explicar as escritas feitas, sob os olhos de todos, por um lápis que se move por si, ou sem lápis, ou sem tinta, numa folha de papel encerrada entre duas placas de mármore ou de ardósia, ou bem espesso cristal — ou por um bastãozinho que, automàticamente, se move sobre uma camada de areia.

E muito menos podem explicar as que são escritas por indivíduos distantes entre si e sem nenhum mútuo entendimento, as quais, isoladamente, são, em aparência, incoerentes, e que, postas em confronto, alternadas, admiràvelmente se completam.

17 — Se, portanto, entre os fatos do Espiritismo, alguns há que se pode provar serem produto de intrujice

e de fraude, ou de algum fenômeno involuntário e inconsciente — muitos outros há perfeitamente averiguados, aos quais nem a tramóia, nem a arte e nem a Ciência podem explicar.

Estes últimos fatos não são certamente muito numerosos. Ao contrário, são antes raros, relativamente à grande cópia dos que se dão nas práticas do Espiritismo, de vez que nem todos os dias, nem em toda parte, acontece haver verdadeiros, genuínos e conscienciosos médiuns.

Talvez esses fatos representem pequena parte dos fenômenos que procuram atribuir ao Espiritismo.

Queremos, porém, levar as coisas até o extremo limite de razoável generosidade, e desejamos conceder aos cépticos, que, mesmo entre os portentos realizados pela intervenção dos médiuns verdadeiros, genuínos, conscienciosos e de boa fé, ainda nas circunstâncias mais favoráveis — só uma décima ou vigésima parte se pode atribuir ao Espiritismo. Mas, a questão do número nada influi sobre a questão da natureza. Por isso, ainda à frente dessa larguíssima concessão, a nossa conclusão não pode e não deve lògicamente mudar.

Ainda mesmo que se tratasse de **um só** fenômeno espiritista, a sua **unicidade**, bem constatada, em nada alteraria o seu modo íntimo de ser e a sua maneira de gerar-se.

Da real existência dos fatos desta espécie, os Livros santos dão, em muitos pontos, o mais explícito testemunho.

E, por sua vez, a severa crítica moderna, aquela que hoje se denomina **hipercrítica**, não pode negar a existência deles, se quiser ser lógica e coerente com os seus métodos de indagação, salvo se prefere fechar olhos à luz meridiana do Sol.

Ora, são justamente estes fatos genuínos, talvez raros e escassos em número, que constituem o moderno Espiritismo.

18) — Quanto à sua natureza, sente-se a Ciência constrangida a declarar que eles são não só superiores, porém mais ainda deveras contrários às mais comuns, às mais difundidas, às mais conhecidas leis da Natureza cósmica. Com efeito, predizer, com exata certeza, coisas futuras, não referentes à pessoa que fala e relativas a fatos altamente contingentes; a reprodução fiel da caligrafia de pessoas há muitos anos falecidas, obtida sem precedente tirocínio de preparação; a revelação de particularidades de um fato totalmente desconhecido das pessoas presentes, e verificado serem exatíssimas; o conhecimento extemporâneamente adquirido de idiomas dos quais apenas se conhece a existência, e dos quais para o futuro nada mais se saberá; o profundo conhecimento de ciências abstrusas, exatas e difíceis, que apenas se possui só por alguns quartos de hora, e em torno das quais se ficará depois tão ignorante quanto antes; a capacidade de locomoção automática que, de improviso e por pouco tempo, adquirem os móveis de uma sala; as súbitas mudanças de peso, para mais ou para menos, que os objetos sofrem temporàriamente; a geração de centelhas, de pequenas chamas, de sons, sem aparelhos geradores de espécie alguma; o espontâneo levantar de pesados corpos, que, não obstante sua gravidade e inclinação, se mantêm assim inclinados fora do centro normal de estática; todos estes fatos são tais, que todo homem, embora não instruído, mas ùnicamente dotado de bom-senso, deve reconhecer não só por superiores, mas igualmente como contrários às mais vulgares leis da Natureza, quer biológicas, quer psicológicas, quer físicas. Em consequência, nos fenômenos espiritistas, somos constrangidos a ver manifestações de ordem preternatural.

Em vão isto se tenta negar **a priori**, em vão se tenta combater **a posteriori**: expulso pela porta, ele reentra pela janela. Poder-se-á, querendo, restringir o campo de ação, mas destruí-lo inteiramente não se pode, porque, ainda mesmo negando-o com a palavra, nós o sentimos dentro de nós, em volta de nós, por cima de nós, por toda a parte.

O Espiritismo demonstra, de modo mais incontestável que desejar se possa, esse sobrenatural que o Racionalismo e o Materialismo, conjugados, se esforçam obstinadamente, em vão, há séculos, por destruir, por exterminar.

Singular humilhação infligida pela Justiça Divina: os que mais obstinadamente combatem o sobrenatural, em coisas de religião, se encontram entre os primeiros a reconhecê-lo nos fenômenos do Espiritismo.

E' possível que alguém diga que a atividade e a energia das forças cósmicas, já conhecidas, possam ser neutralizadas e modificadas pela intervenção de outras forças físicas, ainda ignoradas, cuja existência e natureza, porém, se possa talvez demonstrar no futuro.

Nem nós queremos negar que isso esteja entre as possibilidades admissíveis, ao menos para alguns fatos, em particular e especialmente para aquelas formas de **telepatia** que se reduzem a uma pura e simples clarividência, a distância, qual o caso de Swedenborg, narrado por Emanuel Kant e por nós já referido.

Mas observaremos que a possibilidade de semelhante hipótese, ainda que admitida verdadeira para **alguns** singulares fenômenos espiritistas e para **alguns** outros congêneres e afins, não poderá, sem erro, ser verdadeira para **todos**, de vez que ultrapassa o absurdo a possibilidade da existência de uma lei da Natureza que permita seres inteligentes se identificarem por intermédio de um mineral, de uma planta, de um móvel, entrando em relação e em comunicações mais ou menos fúteis com seres viventes da espécie humana.

Ultrapassará o absurdo que, na **ordem natural**, objetos inanimados falem de coisas abstratas e abstrusas, tal qual doutores em suas cátedras.

Ultrapassa o absurdo a possibilidade de que escritas se tracem, **naturalmente**, por si mesmas, sem lápis, sem pena, sem tinta, sobre folhas de papel isoladas entre placas de vidro, à vista de dezenas de observadores atentos e muitas vezes desconfiados.

Renteia com o absurdo que uma pessoa viva possa, **naturalmente**, ao mesmo tempo, achar-se em dois pontos distantes; raia com o absurdo que mortos desde alguns decênios expeçam do outro mundo, **por lei da Natureza**, cartas sobre negócios póstumos, exprimindo sobre estes suas opiniões, com caracteres caligráficos próprios de cada um, ao simples convite do primeiro ocioso ou curioso a quem agrade perturbar-lhes o descanso sepulcral.

Ultrapassa, afinal, e sempre ultrapassará o absurdo, que, **pelas simples forças naturais**, seres humanos falecidos voltem temporàriamente a se materializar, como dizem os espiritistas, ora de modo ùnicamente visível, ora também de modo tangível e palpável.

19) — A que, portanto, deveremos ligar tais fenômenos? A que força atribuí-los? A resposta de tais questões se deverá ter dos Filósofos e dos Teólogos, e não dos Médicos.

Diremos, todavia, que a alguns agrada cortar o nó górdio, tudo atribuindo a ilusões, mais ou menos inconscientes, ou a sonhos de cérebros enfermos, pelo fato de alguns fenômenos espiritistas apresentarem singulares analogias com outros relevantes da patologia psíquica, ou se misturarem a manifestações mórbidas mentais, ou de poderem ser provocados em pacientes nevropatas, quando não por estes mesmos.

Mas, quem assim opina deixa de considerar que **muitas** das extraordinárias manifestações em exame concernem a fatos puramente físicos, modificando as condições de — ser — de instrumentos materiais, que não têm inteligência, nem vontade e nem diretrizes morais para mutações inferiores espontâneas.

A outros apraz filiar os fenômenos do Espiritismo a emanações fluídicas ou dinâmicas desprendidas, voluntàriamente ou não, dos viventes postos em particulares condições da mente e do corpo. Mas, da realidade desta suposta emanação, nunca se teve de alguém a mais indireta demonstração lógica.

William Crookes e outros com ele julgaram encontrar a solução do problema em um conceito análogo àquele já enunciado por Santo Agostinho sobre os milagres, por ele declarados acontecimentos que muitas vezes se realizam, não **contra as leis** da Natura, e sim **contra o conhecimento** que temos das mesmas leis da Natureza (85).

E tudo explicam mediante a **relatividade dos conhecimentos humanos** (86), pela qual, sendo o que somos, física e pisicològicamente, não podemos conhecer tudo que nos circunda.

Segundo eles, portanto, existem forças ocultas da Natureza que talvez para nós permaneçam eternamente desconhecidas, por falta de sentidos e faculdades necessárias para as perceber. Essas forças ocultas, superiores e contrárias a muitas das forças naturais que conhecemos, só se manifestariam, nos seus singulares efeitos, em determinadas e especiais circunstâncias, as quais, por enquanto, não estamos em grau de precisar, e, então, operam, de modo inusitado, sobre nós e em torno de nós, turbando o andamento habitual das coisas que nos dizem respeito.

Mas esta doutrina esbarra contra o fato, **muitas**

---

(85) "De gen. ad litt.", liv. VI, c. 13; "De civit. Dei", liv. XXI, c. 8.

(86) "Revue Scientifique", de 15-5-1897.

vezes concomitante e com característicos tais, que não se podem atribuir tais fenômenos a forças físicas brutas, conquanto extraordinárias e ocultas.

Além disso, considerando-se o cunho de inteligência, de vontade, de tendências, de afetos e de paixões que inegàvelmente caracteriza não poucas das singulares manifestações de que tratamos, — lògicamente não repugna admitir, antes parece indispensável como causa dos fatos analisados, a existência de seres imateriais, que, justamente por meio daqueles singulares fenômenos, atestam e provam essa sua existência.

Em toda a Criação **sensível** há, entre os seres, uma hierarquia que, das formas mais elementares, se eleva até ao homem. Quem ousará dizer que a Criação termina com o nosso mundo sensível?

As incessantes descobertas científicas, mesmo sòmente as de ordem física, não fazem ressaltar, todos os dias, o absurdo de semelhante conclusão?

Não é, portanto, inaceitável, mas, ao contrário, filosòficamente crível e, com maior razão, quase lògicamente inegável que, acima do homem, existam, na série dos seres criados, outros seres mais perfeitos do que ele, e, por isso, também mais inteligentes e dotados igualmente de maior potência física, e também por sua vez hieràrquicamente conformados, segundo séries sempre mais perfeitas, até chegar a um Ente perfeitíssimo, e, portanto, sapientíssimo e poderosíssimo, origem, razão e final de todas as coisas .

São estes os seres que, em nossa mísera linguagem, nós os humanos damos o nome de **Espíritos**, como que os querendo equiparar ao ar, ao gás, porque, semelhantemente ao ar e ao gás, fogem, por si mesmos, à percepção dos nossos cinco sentidos, especialmente da vista e do tato.

Pois bem: assim como o homem age sobre os seres criados que lhe são hieràrquicamente inferiores, não será possível, em tese geral, que os seres que lhe sejam hieràrquicamente superiores atuem — especialmente se chamados, invocados, solicitados — sobre ele e a respeito de coisas que o interessam?

E isto, sempre em tese geral, não é altamente provável?

Será absurdo que esses seres, hieràrquicamente superiores ao homem, se comovam ante as invocações humanas?

O próprio homem não se comove bem comumente e não se interessa ante os apelos que, em caso de perigo ou de necessidade, a ele lhe fazem, na sua muda linguagem, os animais que lhe são inferiores?

Ao ganir de um cão, assaltado por um lobo, não acorre o homem em defesa da vítima que implora socorro?

Os próprios animais de ordem superior não respondem, algumas vezes, às invocações de outros animais brutos de ordem inferior que reclamam socorro?

O pombo que, por meio de uma palhinha, salva da submersão a formiga caída em uma poça de água, não nos oferece um exemplo?

Acaso a súplica e a condescendência que medeiam entre o homem e os seres que lhe são superiores, deverão ser vãs quimeras, só porque, nas condições normais, o homem não tem modo de perceber a existência desses seres que lhe são superiores? Ou então devem estes seres ficar surdos às rogativas e às invocações do homem, só porque o homem não lhes conhece a natureza íntima e o poder?

E o homem, nas condições ordinárias, vê e sente aqueles seres infinitamente pequenos, microscópicos, bacilos, fungos, algas, que com ele estão em contínuas e nem sempre benéficas relações, dos quais até há pouco tempo ele não suspeitava sequer a existência, e que agora apenas se tornam visíveis, com enormes aumentos, pelo microscópio associado a engenhosíssimos artifícios de coloração?

E destes seres conhece ele talvez a natureza íntima biológica?

E estes seres, por sua vez, conhecem o homem ou lhe compreendem a existência e natureza íntima?

Todavia, o homem não intervém, embora não seja por eles invocado, nas condições da existência deles, especialmente com relação a investigações sobre a influência que exercem na gênese de muitas doenças, e sobre o seu recíproco antagonismo biológico?

Por outra parte, como recusar-se admitir que, entre os seres criados dos diferentes graus da hierarquia dos viventes superiores ao homem, possa haver bons e maus? Toda a Criação sensível não é talvez um misto de coisas boas e más, ao menos em sentido relativo?

Porque não poderia suceder o mesmo, no mínimo até certo limite, entre os seres do mundo supra-sensível?

Assim sendo, não será admissível que entre esses seres se encontrem os que, após sua existência na Terra, deixaram o corpo no mundo sensível e emigraram com isso que forma a centelha e o princípio operante, o **Espírito** da vida, para regiões mais serenas?

Tudo, ao revés, não demonstra que realmente assim é, e, estou por dizer, que assim deve ser?

Ora, porque, no novo mundo da sua existência, estes seres não podem ter e não têm ainda, de fato, afetos e desejos para com o mundo inferior que antes os acolheu, e onde deixaram coisas e pessoas que lhes são queridas?

A relatividade dos conhecimentos humanos, escudo com o qual Crookes e outros tentam afastar a questão cardeal do Espiritismo, não só não exclui, mas, ao contrário, ainda serve para tornar sobremodo aceitável a existência daqueles seres superiores, cujas manifestações objetivas o próprio ilustre físico analisou, com toda a consciência, com processos mecânicos engenhosíssimos, com aparelhos automáticos de registro.

Certo, nós, sendo como somos, não podemos ter de tais seres conhecimento direto, imediato, e nisso não há quem não possa e não deva convir. Mas a nossa ignorância não pode e não deve autorizar-nos a negar lògicamente a existência destes seres, só porque não os podemos conhecer, direta e imediatamente, com os meios sensoriais e psíquicos de que agora dispomos.

Ante, pois, a manifestações sensíveis que não se podem atribuir a desconhecidas e brutas forças físicas, exatamente porque trazem consigo cunhos evidentíssimos de inteligência, de vontade, de afetos, de paixões, será possível não admitir a existência destes mesmos seres, demonstrada por múltiplos fatos, constatados com todo o rigor dos nossos melhores métodos experimentais, embora, por motivo da **relatividade dos nossos conhecimentos,** nos seja negado ter dos mesmos a noção evidente que todos desejaríamos?

Por outro lado, é crível que seres, hieràrquicamente superiores ao homem, se conservem sempre obedientes aos seus acenos, às suas invocações? E' crível que a Divindade permita a esses seres entrarem tão fàcilmente em relações com o homem, até com prejuízo das verdades que lhe são mais caras, e ainda quando o homem se encontra entre os mais rebeldes à mesma Divindade?

E' crível que, com semelhante concessão, queira a Divindade criar aos velhacos e curiosos evocadores de Espíritos uma condição privilegiada, em relação aos que se contentam com as verdades manifestadas pela Ciência ou pela Revelação? E de que modo e por que meios podem os seres superiores realizar muitas das admiráveis manifestações que lhes são atribuídas?

A estas perguntas não estamos certamente no grau de responder.

Mas isto não basta para destruir todos os fatos que

demonstram a realidade das relações que seres, hieràrquicamente superiores ao homem, têm com o próprio homem; a facilidade com que respondem às suas invocações e os admiráveis fenômenos que, por solicitação do homem, às vezes se comprazem em suscitar.

Pelo que respeita em particular à Divindade, não é lícito a nós o ousio de perscrutar os meios, discutir os providenciais desígnios, perguntar o **porquê** das suas incógnitas disposições.

Será, por outro lado, absolutamente verdade que, permitindo as fáceis relações entre os seres imateriais superiores e aqueles que os invocam, a Divindade cria, para estes últimos, uma espécie de privilegiada condição ante os que se satisfazem com as verdades reveladas, ou pela Ciência, ou pela Fé?

Por nossa conta, negamo-lo de modo absoluto. A História está plena de narrativas de aparições espontâneas, bem certas, permitidas pela Divindade, para encorajamento, advertência e conforto de quem, sendo crente, foge das evocações espiritistas.

Aliás, os próprios espiritistas nos confessam com que tremenda punição a Divindade os fere, quando nos dizem de quantos erros, de quantas falsidades, de quantas mentirosas doutrinas os Espíritos se fazem mestres, especialmente em assuntos de moral e de religião.

E ousará alguém dizer ser isto uma condição privilegiada? A nós, verdadeiramente, não parece, tanto mais que, bastante verossìmilmente, não são Espíritos eleitos, nem Almas de trespassados aqueles que respondem ou se apresentam aos humanos, não por ato imperativo exclusivo da Divindade, mas em seguimento a caprichosas solicitações, aos convites curiosos dos diletantes.

Mas, se verdadeiramente são Espíritos aqueles que se manifestam com os singulares modos a que nos referimos, porque o Espiritismo ainda não serviu para esclarecer alguma questão histórica intrincada, para resolver algum problema linguístico, indicar algum objeto perdido ou algum documento desconhecido, para resolver algum problema científico, para averiguar doenças ocultas, revelar remédios especiais, predizer, com segurança, acontecimentos e coisas futuras?

Todavia, mesmo prescindindo das afirmações contidas nessa pergunta, todas històricamente verdadeiras e exatas, parece-nos fácil a resposta.

Sim, porque é evidente que as noções do Espírito que passou para outra vida, ou de quem, por evocação, se apresenta para representá-lo, não podem ser, **por si**, superiores àquelas noções que a Natureza e a educação deu a cada um e que cada um pode fornecer individualmente.

Quem poderia crer ou supor que, depois da morte, o Espírito de um lavrador possa ser, **por si**, igual, em matéria de inteligência e de conhecimentos, ao de Aristóteles, de Santo Agostinho, de Alighieri ou de Galileu?

A nenhum Espírito, aliás, é permitido manifestar-se além dos limites que a cada um deles foram fixados.

20) — Poderão observar-nos que, considerando o Espiritismo com semelhante critério, venhamos a identificá-lo com a velha Magia e com a Necromancia da antiguidade.

Contra esta observação nada temos a opor. Devemos, mesmo, declarar que, entre a Magia e a Necromancia dos tempos passados e o Espiritismo dos tempos modernos, não encontramos nenhuma diferença substancial; vemos, ao contrário, tal semelhança que faz concluir pela absoluta identidade entre eles.

Dizer, portanto, que Magia, Necromancia e Espiritismo são uma e mesma coisa, é, para nós, reconhecer uma das verdades mais patentes.

Se, no passado, a Magia e a Necromancia abarcavam

muitas ilusões, muitas alucinações e também muitas imposturas, isso acontecia porque, nessa época, estava o Espiritismo bem separado do Hipnotismo e das Ciências Ocultas, como, de resto, ainda hoje, isso nem sempre se distingue em não poucos fenômenos hipnóticos ou em algumas fraudes e intrujices às quais, bem frequentemente, se acha associado.

A quem, pois, as nossas conclusões não agradem, faremos observar: não somos nós que as queremos impor a quem quer que seja, e sim a lógica que, examinados e joeirados os fatos, as impõe, em primeiro lugar a nós, e depois a qualquer pessoa que não queira, deliberadamente, fechar os olhos à luz da Verdade.

CAPÍTULO VII

Efeitos das práticas hipnóticas e espiritistas

SUMÁRIO: 1) — Dúplice variedade dos efeitos das práticas hipnóticas e espiritistas. 2) — Efeitos sociais do Hipnotismo, sua natureza quase sempre danosa. 3) — Utilidade social do Hipnotismo: o Hipnotismo nos tribunais, o Hipnotismo na educação. 4) — O Hipnotismo na diagnose do êxtase miraculoso. 5) — Efeitos individuais do Hipnotismo: danos físicos e morais. 6) — Utilidade individual do Hipnotismo na cura de certas formas morbosas. 7) — Precauções de que se deve rodear o uso do Hipnotismo, com escopo terapêutico. 8) — Efeitos sociais e individuais do Espiritismo, sempre nocivos, jamais vantajosos.

1) — Os efeitos decorrentes das práticas hipnóticas e espiritistas podem considerar-se sob o ponto de vista social e ponto de vista individual.

2) — Sob o ponto de vista social, o Hipnotismo é eriçado de perigos, não só porque multiplica de indizível modo o número de nevropatas por imitação, mas ainda porque dele se pode usar e abusar, com dano dos interesses que o indivíduo tem para com a sociedade, ou esta com aquele. De fato, pondo-se um indivíduo em letargo, ou em catalepsia, pode-se torná-lo vítima, sem reação, das paixões de outrem, da cupidez e interesses alheios.

Muitos delitos contra os bons costumes, contra a imunidade pessoal, contra a útil atividade pública de uma pessoa, têm sido praticados exatamente por levar-se o indivíduo ao letargo ou à catalepsia, ou depois de se haver provocado nele uma destas condições hipnóticas.

Pondo-se, pois, o paciente em estado de sonambulismo e suscitando-se-lhe sugestões, pode-se turbar a tranquilidade das famílias, motivar rancores e ódios implacáveis, constranger a atos contra toda a justiça, a doações, a testamentos, à aceitação e reconhecimento de débitos jamais contraídos, a perdão de dívidas, a declarações escritas de paternidade não existente, à emancipação de menores, a promessas ou consentimento de matrimônio, ao reconhecimento de filhos ilegítimos, à renúncia de nacionalidade ou de cidadania, a falsas querelas, a denúncias mentirosas, a falsos testemunhos, à perpetração de delitos atrozes, assassínios, envenenamentos, infanticídios, incêndios, atentados políticos, a confissões aparentemente espontâneas de delitos cometidos por outrem ou talvez, de fato, imaginários e apresentados para desviar de outras coisas a atenção do inquérito da Justiça.

Se alguma vez, pelos bons costumes que a pessoa tem em estado de vigília, a sugestão se torna ineficaz, isto não diminui certamente a responsabilidade de quem tentou torná-la exequível.

E' verdade que, nos casos há pouco passados em revista, não é difícil, no mais das vezes, chegar a descobrir a gênese de um acontecimento que se apresenta por muitos lados maravilhoso e inexplicável.

Conhecendo-se as relações do invidíduo em causa, com quem, mais ou menos notòriamente, se dedica a práticas hipnóticas; conhecendo-se a sua boa conduta anterior e sua condição nevropática, e conhecendo-se as tentativas sofridas em outras hipnotizações, inocentes na aparência; considerando-se o procedimento atual injustificável, ilógico, incoerente da pessoa em questão; e levando-se em conta a grande máxima jurídica «Is fecit cui prodest»; — no mais das vezes é bastante fácil estabelecer, na realidade, como as coisas se passaram.

3) — Quando, porém, as indicadas pesquisas deixem alguma dúvida, pode-se pôr de novo o indivíduo em estado hipnótico, e, com facilidade, obter dele esclarecimentos e luzes para iniciar outras indagações que, sem dúvida, terminarão por levar ao bom caminho.

Este é um dos poucos lados úteis que o Hipnotismo pode oferecer, sob o ponto de vista social: ajudar, em alguns casos, a pesquisa e a descoberta da verdade nos Tribunais públicos, seja permitindo estabelecer se um indivíduo é ou não hipnotizável, ou permitindo obter de um indivíduo hipnotizável, e já hipnotizado em outras circunstâncias, alguma elucidação que, em condições normais, ele seria totalmente incapaz de fornecer, pois quem pratica, em estado hipnótico, um ato contra as leis, voltando ao estado de vigília já não tem, no mais das vezes, lembrança ou consciência de coisa alguma. Por isso, se, no estado de vigília, nada sabe dizer sobre um fato, pode, quando reposto em estado hipnótico, dar aqueles esclarecimentos de que a Justiça tenha necessidade.

Mas, dos esclarecimentos assim obtidos, não é lícito valer-se como elementos de prova, porque, se acaso fôssem efeito de alguma possível alucinação, serviriam para tudo, menos para demonstrar a verdade.

Deles é lícito, porém, usar para início e direção de outras indagações e para estabelecer outros elementos de prova, elementos que não possam ser destruídos.

E se o hipnotizado houvesse recebido ordem do seu hipnotizador para calar ou esquecer, bastará, para tudo regular, que aquele que repuser o indivíduo em estado hipnótico simule assumir a personalidade de quem se suspeita seja o mandante do fato em causa, e, neste caráter, desfaça a proibição de falar e a ordem de haver tudo esquecido.

Por este simplicíssimo artifício, ficará o indivíduo, de pronto, em condições de revelar imediatamente o que, de outro modo, não poderia referir.

Em circunstâncias análogas, o Hipnotismo pode servir para defesa e justificação de inocentes, quando um indivíduo, sujeito a sonambulismo espontâneo, pratica, com intuito bom, uma ação que pode ser depois julgada delito. Em estado de vigília, ele esqueceu quanto fêz sob a influência do acesso hipnótico, não terá modo de se justificar, e em vão protestará ser inteiramente estranho ao fato em discussão. Mas, reposto em Hipnotismo, ele de novo tudo recordará e dará justificações que serão plenamente satisfatórias e que outras diligências mostrarão ser totalmente conformes com a realidade. E, assim, o Hipnotismo revelará um inocente, onde as averiguações ordinárias apontariam um réu.

Certa jovem doméstica, em estado de sonambulismo espontâneo, guarda as jóias de sua patroa em lugar que acredita ser mais seguro que o costumeiro. Em estado de vigília, não sabe dar conta das jóias desaparecidas. E' acusada de furto e recolhida à prisão. Por sua felicidade, o médico do presídio sabe que ela é sonâmbula, e provoca-lhe uma crise de Hipnotismo, durante a qual lhe pergunta onde se acham as jóias. A jovem diz estarem em casa da patroa, em determinado móvel, fechado com tal chave, onde ela mesma as guardou para sua maior segurança.

Chama-se o Juiz, renova-se ante este a experiência, a princípio acolhida por ele com visível desconfiança. Mas, seguindo-se os recebidos informes, fazem-se verificações, e, por estas, fica plenamente confirmada a exatidão de tudo quanto a jovem doméstica asseverara. A inocente criatura é bem depressa posta em liberdade, e recebe as desculpas da sua patroa, que confessa havê-la acusado injustamente.

Muito se tem discutido sobre a introdução do Hipnotismo ante os Tribunais e na prática do Foro. Relativamente aos casos que, de modo conciso, temos indicado, é manifesto que não pode haver dificuldade em admitir o Hipnotismo, ao menos como meio de remover certos obstáculos que podem embaraçar algumas diligências da Justiça.

Então, com efeito, o Magistrado não se vale do Hipnotismo para conseguir arrancar do acusado confissões contra a sua vontade, ou para obter declarações destinadas a servir como elementos de prova, mas a ele recorre apenas para eliminar uma possível sugestão que impeça a pessoa em causa de dizer o que, de outro modo, teria desejado ou quereria ter dito, ou para algum esclarecimento que sirva de pista à pesquisa de úteis elementos de prova.

Dentro destes limites, o Hipnotismo pode ser introduzido na prática do Foro, mas isto é muito erradamente combatido por alguns, sem restrições.

Certamente, porém, não se pode introduzir o Hipnotismo ante os Tribunais com o intuito de arrancar aos acusados confissões e declarações involuntárias, porque isso seria ofender a vontade e a liberdade individual, e levaria, por vezes, a confissões mentirosas.

Não se pode igualmente admiti-lo para se descobrirem coisas ocultas ou delitos misteriosos, desconhecidos do hipnotizado, ou para se encontrarem objetos perdidos ou roubados, porque, não havendo hipnotizado que possua clarividência extra-individual de que se possa utilizar em caso de necessidade — recorrer a semelhantes meios equivaleria a empregar meios impróprios, insuficientes à necessidade, pueris, ridículos e até imorais. E como o interesse e as alucinações poderiam intrometer-se no assunto, nada seria mais fácil do que se obterem indicações mentirosas, que, subtraindo-se a todo controle, mais depressa serviriam para enganar e desviar a Justiça.

Em relação, pois, à admissibilidade do Hipnotismo ante os Tribunais, convém distinguir um caso de outro. Aceitável em um, é inaceitável em outro, segundo a natureza do fato em si e a diferença da intenção em vista.

Se é verdade o que de algum tempo estão anunciando os periódicos de Medicina, outra vantagem social do Hipnotismo seria o de poder servir, algumas vezes, para corrigir certas tendências perversas ou incorretas de alguns desequilibrados.

No Hospital da Salpetrière, o Dr. Voisin, por meio da sugestão, chegou a conseguir que certa mulher, de péssimo proceder, ladra de mãos hábeis, se transformasse em mulher honesta, cortês e dócil de caráter.

Seguindo o exemplo do Dr. Voison, o Dr. Liebault, recorrendo à sugestão hipnótica, obteve que se tornasse bom, disciplinado e estudioso um jovem colegial intratável, desordenado, aborrecido e negligente (87).

4) — A possibilidade de se provocar, em alguns pacientes, certos estados extáticos, ou de transformá-los, à vontade, em letargo ou em sonambulismo, ou em estado de vigília, ou dirigi-los para o desenvolvimento das mais extravagantes sugestões, pode, alguma vez, ser precioso meio para distinguir uma condição puramente mórbida de uma verdadeira condição privilegiada, extraordinàriamente promovida e desejada pela Divindade.

Não se pode admitir, de fato, que Deus deixe ao capricho do primeiro adventício extraordinários dons com os quais deseja favorecer uma Alma eleita.

5) — Sob o ponto de vista individual, o Hipnotismo é, pràticamente, quase sempre danoso, e apenas em algum raro caso, discutìvelmente útil. E' nocivo à saúde física e às condições morais. À **saúde física**, porque

---

(87) "Policlinico", supl. 1897, n. 36, pág. 905.

desperta as nevroses histeriformes latentes; exaure a atividade cérebro-espinhal; torna sempre mais habitual o estado hipnótico; porque, neste estado, se pode estar exposto a quedas perigosas, a incêndios, a atropelamentos por veículos; porque, pelas alucinações, frequentes no estado hipnótico, se pode ser impelido a provocar em si próprio processos mórbidos, mutilações, e a ser mesmo arrastado ao suicídio.

Às **condições morais**, porque, pouco a pouco, exagera ou obnubila o senso moral; expõe a aceitar por verdades e por deveres os princípios mais estranhos e as práticas mais desagradáveis do delito; excita estranhamente o amor do maravilhoso transcendental, abrindo destarte, insensìvelmente, caminho ao Espiritismo.

6) — Algumas raríssimas vezes, porém, o Hipnotismo é individualmente útil, e isto acontece quando, adotado de maneira prudente, visa à cura de certas paralisias e de certas contraturas histéricas ou de outras obstinadas manifestações da grande nevrose.

E' inútil dizer que, então, se pode recorrer ao Hipnotismo com toda a segurança.

Apareceu-me certa vez, para tratamento, uma jovem mulher deformada por uma paralisia histérica, com aspecto a despertar comiseração. Tinha as pernas encolhidas de modo a impedi-la de caminhar; os braços e as mãos torcidos e estranhamente inertes; a faringe paralisada, de modo que, desde havia meses, a jovem só se alimentava de líquidos ingeridos por meio de sondas.

Dos muitos médicos que a visitaram, alguns atribuíram os distúrbios a uma possível lesão dos órgãos genitais; outros, a causas puramente nervosas, das quais se devia procurar a origem primeiramente em fatos de ordem moral.

Depois de muita insistência e havendo encontrado um decidido especialista, o Prof. Sciamanna, que condizia plenamente com a minha opinião quanto à diagnose e ao método de cura, conseguiu-se persuadir os parentes e a própria enferma de uma probabilíssima cura, submetendo-se a jovem a uma série de regulares sessões hipnóticas.

A doente, que a princípio se mostrava muito rebelde à imposição do sono, começou bem depressa a sujeitar-se, sem dificuldade e sem se ressentir de distúrbios, e, já ao término das primeiras provas, se pôde augurar bom êxito final de cura.

A torcedura do pé esquerdo, por exemplo, que ordinàriamente permanecia inerte (abdotto), voltava, por ordem do médico, durante o sono hipnótico, à posição natural, permanecendo nesta por algumas horas, mesmo depois da cessação do sono.

Assim, cada vez mais, com a ajuda das imposições sugestivas dos hipnotizadores, a paciente começou a reconquistar a ação de todos os seus membros, o perfeito manejo de todos os seus músculos, primeiro só durante a hipnose, depois por algum breve período da vigília subsequente, e, afinal, por um tempo sempre mais longo. As pernas se desataram do torpor que as encolhia, endireitaram, moveram-se; as mãos e os braços se articularam livremente, tornando a obedecer aos comandos da vontade; o esôfago funcionou de novo e de modo perfeito.

E, depois de quase seis meses de tratamento (de um período assim tão longo, pode-se fàcilmente imaginar quanto se haviam alterado as condições da enferma!), a jovem mulher melhorou ao ponto de poder passear sòzinha, e por longo tempo, inclusive pelas ruas mais movimentadas de uma grande cidade, sem se ressentir de cansaço, atordoamento, temor, e de voltar ao convívio do esposo e ter filhos sãos e normais.

O Dr. Scozzi fala ainda de uma histérica na qual venceu, repetindo cada três dias a sugestão, uma obstinada constipação, estabelecendo a hora precisa na qual se daria a quotidiana dejeção (88).

7) — Para os casos há pouco passados em revista e para todos os outros, em relação com as necessidades dos Tribunais e da educação, pode ser o Hipnotismo equiparado às grandes operações cirúrgicas de amputações, ablações mais ou menos completas dos diversos órgãos do corpo ou de extirpações de tumores viscerais.

Se as grandes operações cirúrgicas, com o fim de passatempo, são imorais e devem ser severamente proibidas, assim também se deve ter por imoral e deve ser severamente proibido o Hipnotismo como espetáculo ou recreio.

Assim como as grandes operações cirúrgicas não são permitidas a todos, mas sòmente a quem, em consequência de provas dadas de especial capacidade, é para isso autorizado — assim também o Hipnotismo, para o fim de curar, não deve ser autorizado a todos, mas apenas aos que exercem a arte de curar.

E como as citadas graves operações só se devem praticar depois de especiais indicações, assim deve ser também para as aplicações do Hipnotismo.

Se as grandes operações cirúrgicas não se fazem em lugares públicos, tais as praças, ruas e teatros, e sim em locais a isso destinados, ou seja, escolas, hospitais —, assim também se deve praticar com o Hipnotismo.

Se as grandes operações cirúrgicas não se fazem no mistério e em segredo, e sem assistência de pessoas capazes e honestas, assim se deve fazer com relação ao Hipnotismo.

Se as operações cirúrgicas devem ser sempre realizadas segundo as normas e cautelas que a Ciência, a experiência e a prudência aconselham — assim o Hipno-

---

(88) *Dr. P. V. Scozzi* — "La Medianità", Firenze, 1901, pág. 44.

tismo merece praticado e aplicado, no intuito de cura, com as normas e com as cautelas ensinadas e impostas pela Ciência, pela experiência e pela prudência.

Se, enfim, não se pode e não se deve abusar das operações cirúrgicas, assim, outro tanto se deve dizer das práticas hipnóticas aplicadas à Terapia.

Se, portanto, o exercício incondicional e ilimitado das práticas hipnóticas não é de modo algum justificável, bem diferente é o caso quanto ao exercício prudente do Hipnotismo, feito em condições especiais e com as devidas restrições, para o fim de curar.

Somos, por isso, de parecer bem diferente daqueles que reprovam e condenam, sem qualquer exceção, o uso do Hipnotismo, e estamos bem certos e seguros de não nos encontrarmos do lado do erro.

Depois de tudo quanto dissemos, a coisa parece tão evidente, que acreditamos perigoso querer acrescentar palavras para demonstrá-la.

8) — Não podemos, porém, dizer outro tanto das práticas do Espiritismo. Estas, com efeito, apresentam, para a sociedade e para o indivíduo, todos os perigos e todos os danos do Hipnotismo, sem nenhuma exclusão, e, com maior motivo, com alguns deles aumentados de mil, e não trazem em compensação vantagem alguma, fora do sobrenatural, que, aliás, nos surge de muitíssimos outros modos.

Aos princípios mais difundidos, mais sólidos da moral social, civil e individual, as comunicações espiritistas vão introduzindo disparates mutáveis de toda espécie e que variam de lugar para lugar. E, enquanto essas comunicações proclamam igualmente boas todas as religiões, parece fazer-se uma única exceção para aquela que, sendo a única verdadeira, não admite erros nem superstições de qualquer espécie — ou seja, para a Religião Católica e Apostólica do Cristo.

Nos indivíduos, pois, que desempenham a parte de médiuns e naqueles que assistem às suas realizações, o Espiritismo determina ou o embotamento ou a exaltação morbosa das faculdades mentais e provoca as mais graves neuroses, as mais graves nevropatias orgânicas.

A mór parte dos mais famosos médiuns, e não poucos daqueles conhecidos por assíduos cultores das práticas espiritistas, têm morrido loucos, ou nevropatas, ou vítimas de paralisia progressiva. Para isso, verossìmilmente, contribui não pouco a vida agitada e absorvente que as práticas do Espiritismo necessàriamente impõem.

Mas, além destes perigos e destes danos que o Espiritismo tem de comum com o Hipnotismo, o primeiro acarreta outros, que lhe são próprios e consideràvelmente maiores, por motivo do vínculo, cada vez mais íntimo, que as suas práticas estabelecem entre seres de natureza, de índole, de paixões, de inteligência, de moralidade e de tendências diversas.

Mas, destes perigos e destes danos compete aos teólogos ocupar-se: para nós, ainda é muito tê-los indicado apenas de golpe de vista.

Nem se diga que o Espiritismo pode, ao menos algumas vezes, trazer vantagens, embora particulares, quando não seja apenas para o diagnóstico e para a cura de certas enfermidades e para indicação de certos remédios. Porquanto, se, algumas vezes, as indicações assim obtidas têm sido conformes à verdade, as mais das vezes não fizeram mais do que agravar as condições dos pobres pacientes.

Os espiritistas ensinam que isso acontece pela intervenção dos Espíritos enganadores ou burlões. Mas, quando se pode estar premunido e seguro contra a intervenção e ação deles?

O Espiritismo, portanto, na sua prática, jamais e por qualquer motivo que seja, embora utilitário, se pode justificar ante a sociedade, a moral e o bem-estar dos indivíduos.

Ainda por este lado, difere ele grandemente do Hipnotismo, com o qual, algumas vezes, se associa (**Hipno-espiritismo**), mas do qual é substancialmente diferente.

A única coisa que, a respeito dos fenômenos espiritistas, se pode, em dadas circunstâncias, considerar lícita, é o estudo feito por pessoas reconhecidas capazes e competentes, com as devidas circunspecções e com as necessárias observações das manifestações espiritistas que, às vezes, se apresentam de modo espontâneo.

Em casos especiais, e com as mesmas normas, poderá talvez ser lícito a algum estudioso, reconhecido competente, analisar também, em algum gabinete, as manifestações provocadas, sem sua participação direta, para estabelecer se certos fatos realmente existem, em qual medida podem ser aceitos e quais particularidades os distinguem e como podem ser reconhecidos e diferenciados dos truques e das trapaças.

Quanto às doutrinas e ensinamentos morais ou dogmático-religiosos que se possam derivar do Espiritismo, insistiremos em recordar quão pequena confiança se deve depositar em certos mestres, e que bem outras fontes de verdade têm sido concedidas aos desejosos de perfeição moral e religiosa.

Muita razão tem o nosso Alighieri ao exortar («Paraíso», V, 74-78):

Não sejais qual a pluma a qualquer vento,
nem crede que vos lave qualquer água;
tendes o Velho, o Novo Testamento,
mais o pastor da Igreja que vos guia.
E que isto baste à vossa salvação.

CAPÍTULO VIII

Conclusões

SUMÁRIO: 1) — Corolário do presente estudo sobre o Hipnotismo e sobre o Espiritismo. 2) — Hipnotismo e Espiritismo na História. 3) — Hipnotismo e Espiritismo nas suas manifestações. 4) — Hipnotismo e Espiritismo na sua natureza. 5) — Hipnotismo e Espiritismo na vida prática. 6) — Imoralidade e moralidade das práticas hipnóticas; providências reclamadas para as regular. 7) — Imoralidade das práticas espiritistas; necessidade da sua absoluta interdição.

1) — Do estudo que, com o maior cuidado possível, fizemos do assunto — Hipnotismo, e do — Espiritismo, decorrem, naturalmente, as proposições que formulamos à maneira de corolário do nosso trabalho.

2) — O Hipnotismo e o Espiritismo desde a mais remota antiguidade foram sempre mais ou menos conhecidos de quase todos os povos da Terra.

Não raramente se associam, dando lugar ao Hipno-espiritismo.

O assim chamado Magnetismo animal, de Mesmer e dos seus sectários, é, em gênero, a mesma coisa que o Hipnotismo; mas, em casos especiais, e nas mãos de alguns, se torna um misto de Hipnotismo e Espiritismo, com prevalência ora de um, ora de outro.

3) — O Hipnotismo, na sua forma genuína, é constituído por fenômenos morbosos determinados, e entre

eles substituíveis alternadamente, e também provocáveis artificialmente.

Os fenômenos mórbidos do Hipnotismo têm todos um confronto nos fenômenos físio-patológicos da vida comum: a sugestão entra no número destes fenômenos. Alguns fenômenos hipnóticos podem ser provocados até nos brutos.

O Espiritismo, nas suas formas genuínas, é constituído por fenômenos físicos e psico-biológicos de natureza inteiramente especial, sem confronto de qualquer espécie nas condições ordinárias da economia cósmica.

Afim, e talvez idêntica, é a Telepatia.

4) — O Hipnotismo é, verossìmilmente, uma das várias expressões clínicas de uma condição morbosa individual, quiçá de índole histérica, congênita ou adquirida, permanente ou transitória. Nunca se verifica nos indivíduos perfeitamente sãos. As suas manifestações, por isso, são todas de ordem natural. Não existe nenhum fluido magnético capaz de dar origem aos citados fenômenos, cuja gênese natural é hoje interpretada bem diversamente e bastante mais racionalmente do que se fazia no passado.

O Espiritismo é a manifestação de atividade de ordem preternatural. Os seus fenômenos só em parte se podem explicar com ilusões, com alucinações, com astúcias, com fraudes e com particulares condições físio-patológicas dos médiuns ou dos seus auxiliares. Para não poucos desses fenômenos, nenhuma lei física pode dar explicação, nem sequer verossímil, e, muito menos, provável. Muitos outros, então, contradizem as mais bem conhecidas leis da Natureza.

O Espiritismo de hoje é idêntico à Magia e à Necromancia dos Gregos e dos Romanos, da Idade Média.

5) — Na vida prática, Hipnotismo e Espiritismo apresentam graves perigos e danos, físicos e morais,

sociais e individuais. Estes perigos e estes danos são muito maiores no Espiritismo e no Hipno-espiritismo do que no genuíno Hipnotismo.

O Hipnotismo tem algum lado útil, o que falta de todo no Espiritismo.

6) — O Hipnotismo é de considerar-se reprovável e imoral, e, por isso, de interditar-se severìssimamente, toda vez que se pratica nó intuito de curiosidade ou no de divertimento e sem determinadas cautelas. Mas, algumas vezes, é admissível e se pode aplicar nos julgamentos públicos, com o fim de estabelecer certa verdade de fatos, e, em Medicina, com o escopo de tratamento de determinadas enfermidades. Mesmo então, porém, só é lícito usá-lo sob determinadas condições e dentro de certos limites preestabelecidos.

7) — O Espiritismo é sempre perigoso, danoso, imoral, reprovável, e deve ser condenado e proibido severìssimamente, sem restrições, em todos os seus graus, em todas as suas formas e sob todas as suá possíveis manifestações.

Pode-se desculpar o estudo, ùnicamente em casos especialíssimos, espontâneos ou provocados, sob dadas condições, com as necessárias precauções e por ação de pessoas reconhecidas competentes (conforme antes já se disse), sem que estas, porém, participem diretamente na produção dos fenômenos espiritistas que estudem.

....

Assim finalizou o Prof. Lapponi o seu livro, obra lida e aprovada, antes de sua publicação, em 1904, por S.S. o Papa Leão XIII, conforme palavras do Autor em resposta a uma pergunta que lhe dirigiu o redator do

"Giornale d'Italia", Sr. Eduardo Cecchi, em 1906, logo após o aparecimento da 2.ª edição do livro.

O Autor, protomédico de dois papas, um dos quais já canonizado, tendo à sua disposição a valiosa biblioteca do Vaticano e todas as facilidades para realizar as suas próprias experiências e estudos, assevera que os fenômenos espiritistas são reais e confessa que deles não sabe dar explicação.

Quanto à parte filosófica e doutrinária, ele preferiu ficar com a sua religião católica. Nada mais razoável, pois que o eminente sábio não foi além da parte básica do Espiritismo, a fenomenológica.

Se prosseguisse com a mesma sinceridade de propósitos nesta obra manifestados por ele, certamente encontraria, mais à frente, a parte filosófica e, por fim, atingiria o ápice: a parte moral-religiosa.

E isso se daria, se o eminente médico não desencarnasse logo após à preparação da 3.ª edição desta sua obra, desencarnação, aliás, que lhe foi anunciada, três meses antes, por um dos seus doentes.

Que os leitores saibam compreender a posição social do Autor, principalmente dentro do Vaticano, e tirem as conclusões que melhor lhes parecerem.

O TRADUTOR

Livros da Federação Espírita Brasileira

Alexandre Aksakof

ANIMISMO E ESPIRITISMO

Aksakof, o sábio investigador dos fenômenos espíritas, apresenta nesta obra a sua resposta ao mais famoso filósofo da época, o Dr. Eduardo von Hartmann, colocando, com uma argumentação incontestável e vitoriosa, as teorias antiespíritas no seu devido lugar, mostrando-lhes o seu nenhum valor.

Em 700 páginas de composição compacta, o livro encerra uma multidão de fatos maravilhosos, recolhidos em todo o Mundo, de vários sábios da época, e da qual bom número é também devido às observações e experiências do próprio Autor.

No conceito de muitos estudiosos, é "a obra mais importante e mais completa que se escreveu acerca do Espiritismo, no ponto de vista científico e filosófico".

*

César Lombroso

HIPNOTISMO E MEDIUNIDADE

É obra que produziu grande agitação nos meios intelectuais e científicos, pois que escrita por um sábio de renome universal, célebre por seus trabalhos criminológicos.

Através de longo e minucioso estudo sobre Hipnotismo e Mediunidade, Lombroso demonstra a diferença entre esses dois conhecimentos, apresentando numerosas observações e experiências realizadas por ele e por outros sábios europeus, durante muitos e muitos anos de investigação.

Dr. Antônio J. Freire

CIÊNCIA E ESPIRITISMO

O Autor, conceituado médico de vasta e polimórfica cultura, foi ilustre e venerando confrade português, conhecido nos meios espiritistas de todo o mundo pelas suas obras e trabalhos jornalísticos a prol da difusão dos princípios de nossa Doutrina.

Seus temas, ricos de raciocínios filosóficos bem articulados, se desenvolvem lado a lado da Ciência contemporânea, experimental, e da Sabedoria antiga, intuitiva, demolindo a cada passo o sentido materialista da vida e criando um entendimento mais amplo e mais profundo, mais positivo e mais claro, acerca do Homem e seu Destino.

*

Alfred Erny

O PSIQUISMO EXPERIMENTAL

Para a sua feitura, Alfred Erny — grande amigo dos literatos Vitoriano Sardou e Eugênio Nus, os quais o incentivaram nesse ingente trabalho — compulsou mais de trezentos artigos e volumes publicados na Inglaterra, na América e na Alemanha.

Grande número de fatos, estudados e comprovados por sábios e experimentadores acima de qualquer suspeita, foram cuidadosamente selecionados pelo Autor, que procurou ser imparcial entre a credulidade excessiva e a incredulidade exagerada.

Dr. Antônio J. Freire

DA FRAUDE NO ESPIRITISMO EXPERIMENTAL

É mais uma obra de real valor do culto médico e saudoso confrade de Portugal.

Antes de entrar no terreno propriamente das fraudes e mistificações, o Autor fornece um estudo sintético das noções gerais da Doutrina Espírita, destacando, mais adiante, a largos traços, a importância do Espiritismo experimental para o progresso científico e espiritual da Humanidade.

Cerca de medate da obra é ocupada em classificar, analisar, expor-lhes as causas e prevenir as fraudes, conscientes ou inconscientes.

Normas de orientação são ainda enunciadas com o objetivo de se conseguir um controle eficiente durante a prática das mediunidades físicas ou objetivas. Pela simplicidade e clareza da exposição, consideramos esta obra utilíssima aos diretores de Grupos espíritas e até mesmo aos médiuns e espiritistas em geral.

Carlos Imbassahy

A MEDIUNIDADE E A LEI

O Ilustre escritor e polemista Dr. Imbassahy, já consagrado por várias outras obras de sua autoria, estuda neste livro o importante e transcendente problema da mediunidade curativa em face do Código Penal brasileiro.

Apoiado em um sem-número de provas e assertivas de inegável valor e indestrutível força, o Autor expende, em defesa dos verdadeiros médiuns curadores, inteligentes argumentações sobre os preceitos do Cristo e as curas, o curandeirismo e a repressão, a antigüidade das curas religiosas, a cura e a fé, a falibilidade da Medicina, a terapêutica mediúnica, a fragilidade dos acórdãos, os cientistas e as curas supranormais, e muita coisa mais em torno do sempre discutido assunto.

RELIGIÃO

Sob este simples título de obra oculta-se um admirável trabalho, pleno de raciocínios claros e rigorosamente lógicos, em que é focalizado o Espiritismo no seu tríplice aspecto: científico, filosófico e religioso, sendo estudado, em especial e a fundo, o último aspecto, tão debatido dentro e fora de nossas fronteiras.

O Autor, firmado numa documentação vasta e positiva, faz a defesa da Doutrina contra os que lhe negam o caráter religioso, esclarecendo e demonstrando que o Espiritismo é também *religião*, ou melhor, "uma como síntese de todas as religiões", consoante as próprias palavras do Autor.